ANIMA

Biblioteca Junguiana
de Psicologia Feminina

James Hillman

ANIMA

A Psicologia Arquetípica do Lado Feminino
da Alma no Homem e sua Interioridade na Mulher

– Uma Análise de Excertos da Obra de
C. G. Jung sobre o Tema –

Tradução
Lúcia Rosenberg
Gustavo Barcellos

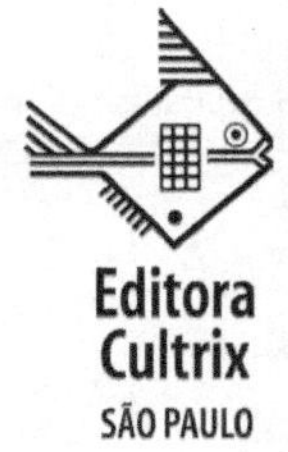

Editora
Cultrix
SÃO PAULO

Título do original: *Anima – An Anatomy of a Personified Notion.*

2ª edição 2020.

Editor: Adilson Silva Ramachandra
Gerente editorial: Roseli de S. Ferraz
Gerente de produção editorial: Indiara Faria Kayo
Editoração eletrônica: Join Bureau
Revisão: Vivian Miwa Matsushita
Capa: Lucas Campos/Indie 6 Design Editorial

Dados Internacionais de Catalogação na Publicação (CIP)
(Câmara Brasileira do Livro, SP, Brasil)

Hillman, James, 1926-2011
Anima: a psicologia arquetípica do lado feminino da alma no homem e sua interioridade na mulher / James Hillman; tradução Lucia Rosenberg, Gustavo Barcellos. – 2. ed. – São Paulo: Editora Pensamento Cultrix, 2020. – (Biblioteca junguiana de psicologia feminina)

Título original: Anima: an anatomy of a personified notion
ISBN 978-65-5736-018-7

1. Anima (Psicanálise) 2. Jung, Carl Gustav, 1875-1961 I. Título. II. Série.

20-38295 CDD-150.1954

Índices para catálogo sistemático:

1. Animus: Arquétipo junguiano: Psicologia analítica 150.1954
Cibele Maria Dias – Bibliotecária – CRB-8/9427

Direitos de tradução para a língua portuguesa adquiridos com exclusividade pela EDITORA PENSAMENTO-CULTRIX LTDA., que se reserva a propriedade literária desta tradução.
Rua Dr. Mário Vicente, 368 – 04270-000 – São Paulo, SP – Fone: (11) 2066-9000
http://www.editoracultrix.com.br
E-mail: atendimento@editoracultrix.com.br
Foi feito o depósito legal.

Sumário

Agradecimentos 7

Anima: Imagens do Humor e do Desejo 9

Prefácio 11

Nota Editorial 15

PARTE I

Introdução 21

1. Anima e Contrassexualidade 25
2. Anima e Eros 37
3. Anima e Sentimento 53
4. Anima e o Feminino 71
5. Anima e Psique 91

PARTE II

6. Anima e Despersonalização 121
7. Integração da Anima 135
8. Mediadora do Desconhecido 149
9. Anima como Unipersonalidade 167
10. Anima na Sizígia 187

NOTAS 205

AGRADECIMENTOS

Desenho da capa de Catherine Meehan e Sven Doehner. A imagem da anima na capa: Bernardo Buontalenti, *Ninfa marina*, Firenze, B. N. F., C.B., 3,53[11], c. 10r, Fotografia colorida G. Sansoni com permissão da Biblioteca Nacional de Firenze e selecionada por Pierre Denivelle.

Mary Vernon agradece às seguintes fontes para os vários detalhes de suas imagens: Carol B. Grafton, *Treasury of Art Nouveau Design and Ornament*; Jim Harter, *Harter's Picture Archive* e *Woman: A Pictorial Archive from Nineteenth-Century Sources*; e Theodore Menten, *Pictorial Archive of Quaint Woodcuts*; Joseph Crawhall, todas da Dover Publications.

Mais do que tudo, o autor e o editor reconhecem agradecidos o uso dos excertos dos seguintes volumes de *The Collected Works of. C. G. Jung*, tradução de R. F. C. Hull, Bollingen Series XX. Os excertos foram transcritos com a permissão da Princeton University Press.

Vol. 5 *Symbols of Transformation*, copyright © 1956 by Princeton University Press.

Vol. 6 *Psychological Types*, copyright © 1971 by Princeton University Press.

Vol. 7 *Two Essays of Analytical Psychology*, copyright © 1953, 1966 by Princeton University Press.

Vol. 8 *The Structure and Dynamics of the Psyche*, copyright © 1960, 1969 by Princeton University Press.

Vol. 9 *I, The Archetypes and the Collective Unconscious*, copyright © 1959, 1969 by Princeton University Press.

Vol. 9 *II, Aion: Researches into the Phenomenology of the Self*, copyright © 1959 by Princeton University Press.

Vol. 10 *Civilizaton in Transition*, copyright © 1964, 1970 by Princeton University Press.

Vol. 11 *Psychology and Religion: West and East*, copyright © 1958, 1969 by Princeton University Press.

Vol. 12 *Psychology and Alchemy*, copyright © 1953, 1968 by Princeton University Press.

Vol. 13 *Alchemical Studies*, copyright © 1967 by Princeton University Press.

Vol. 14 *Mysterium Coniunctionis*, copyright © 1965, 1970 by Princeton University Press.

Vol. 15 *The Spirit in Man, Art and Literature*, copyright © 1966 by Princeton University Press.

Vol. 16 *The Practice of Psychotherapy*, copyright © 1954, 1966 by Princeton University Press.

Vol. 17 *The Development of Personality*, copyright © 1954 by Princeton University Press.

Vol. 18 *The Symbolic Life*, copyright © 1950, 1953, 1955, 1958, 1959, 1963, 1968, 1969, 1970, 1973, 1976 by Princeton University Press.

O autor e o editor também agradecem a Routledge & Kegan Paul Ltd. (Londres), que publicou a acima mencionada edição de *The Collected Works of C. G. Jung* na Grã-Bretanha.

ANIMA: IMAGENS DO HUMOR E DO DESEJO

A vida quase secreta da alma parece rechear o cerne de toda a psicologia profunda. A obra de James Hillman, ao longo de muitos anos e ângulos, não é uma exceção; ao contrário, nela a alma é uma devoção.

Em latim, *anima* quer dizer "alma" ou "psique". É o termo que Jung utilizou ao deparar-se com a interioridade feminina do homem. Anima é aquilo pelo que os homens se apaixonam; ela os possui enquanto humores e desejos, motivando suas ambições, confundindo seus raciocínios. Na extensão que Hillman faz da psicologia de Jung, a anima também pertence à interioridade das mulheres, e não somente àquilo que toca seus relacionamentos com os homens. Anima refere-se, numa só palavra, à interioridade.

No que se lança, sempre com devoção, como uma fenomenologia crítica, e não uma fenomenologia empírica, este livro passeia pelos sentimentos, problemas, fantasias e mesmo pela beleza da anima. Apresentá-lo ao leitor brasileiro apaixonou-nos.

Na maioria das vezes, os tradutores de livros poderiam manter-se em silêncio e deixar o trabalho falar por si. Este livro é especial, e sua curiosidade e inovação nos tentou a falar dessa paixão. Antes de tudo, um trabalho desta importância e visão merece estar disponível a um público cada vez maior. Talvez seja este um trabalho mais próximo da literatura imaginativa do que da ciência, em seu conteúdo, em seu estilo, em suas cores, em sua profundidade e em sua coragem. Mas será que isto não pode ser dito de quase tudo o que Hillman escreve? Este livro clarifica os humores, as personalidades, as definições e dispõe as imagens universais e atemporais do aspecto mais sutil, evasivo e ardiloso da psicologia e da vida. Curiosidade e inovação não param por aí, Este livro é, na verdade, um diálogo. Ao expor, em suas páginas pares, as citações da obra de Jung, onde se origina, se amplia e se aprofunda o ensaio de Hillman, que aparece nas páginas ímpares, o livro convida o leitor a uma experiência sedutora: aproximar-se pessoalmente dos diversos níveis de leitura ali envolvidos. Aproximação e ligação parecem ser o verdadeiro chamado da alma.

Nós, tradutores, também estivemos ligados à anima ao longo do trabalho, conduzidos pelas suas asas (de borboleta?) na fantasia de transpor o texto para a língua portuguesa. Trabalhando o material frase a frase, muitas vezes palavra por palavra, esperamos não ter deixado voar a alma (o frescor) intelectual que ele possui no original.

"Anima: Imagens do Humor e do Desejo" era o título de um seminário que Hillman conduziu em fevereiro de 1986 na The C. G. Jung Foundation for Analytical Psychology, de Nova York. Apresentando uma série de cem *slides*, Hillman mostrava, em algumas de suas ilimitadas imagens, a anatomia da noção que temos da anima em nossas vidas. Neste livro, ele faz o mesmo em psicologia.

Quem será, de fato, esta mulher, procurando seu caminho entre nossos conceitos?

Lucia Rosenberg
Gustavo Barcellos

São Paulo
março/1990

Prefácio

Este ensaio fala por si. Normalmente, depois de doze anos um autor quer refazer o trabalho. A necessidade de aperfeiçoamento. Ao invés disso, estou encantando com ele – foi realizado inteiramente e está completamente terminado. Precisava apenas de algumas reformulações, ampliações e cuidados práticos – em doze anos aprende-se uma coisa ou outra sobre anima. Uma vez tendo começado essas ampliações, quase não pude contê-las nestas páginas. Como pode ser instigante a anima, embora me pergunte se este ensaio, cujo objetivo era clarificar sua noção em minha mente, fez alguma coisa no sentido de desvendar seus efeitos em minha vida. Ainda hoje me defendo dela com idealização e ceticismo.

Este ensaio começou como uma digressão que me parecia essencial para o Re-Visioning Psychology (1975), mas logo a anima pediu mais espaço do que as proporções daquele livro permitiam. O ensaio era inclusive muito extravagante para ser impresso como uma peça só, então teve que ser dividido em dois (*Spring*, 1973 e *Spring*, 1974). Esses números daquele periódico estão há tempos fora de catálogo, o que nos dá um motivo razoável para transformar este ensaio num livro.

Existem outros motivos, razões mais profundas. Revendo agora, parece que meu trabalho sempre foi baseado em anima, desde *Emotion* (1960) até "Betrayal" e o conto de Eros/Psiquê com o mito da análise, passando pelo conceito de "cultivo da alma" e, mais recentemente, a atenção com a imaginação estética e com a alma do mundo (*anima mundi*). Capítulos específicos sobre a investigação do sal, da prata, e da cor azul na alquimia também foram elaborados com base na fenomenologia da anima. Se anima é minha metáfora básica, parece psicologicamente necessário mergulhar nesse componente que domina meu pensamento, colore meu estilo e que tem tão graciosamente oferecido temas para minha atenção.

Mais do que isso, o *devotio* à anima não é o chamado da psicologia? Assim, uma outra profunda razão para este livro é fornecer uma base para a visão da alma em psicologia, de forma que a psicologia não se perca nas perspectivas arquetípicas da Criança e do desenvolvimentalismo, ou da Mãe e do causalismo material. A visão de alma dada pela anima é mais do que simplesmente uma outra perspectiva. A fala da alma convence; é uma sedução em direção à fé psicológica, a fé nas imagens e no pensamento do coração, rumo a uma animação do mundo. Anima conecta e envolve. Ela nos faz mergulhar no amor. Não podemos permanecer como um observador desvinculado que olha através de uma lente. Na verdade, ela provavelmente não compartilha de nenhuma metáfora óptica. Em vez disso, ela está continuamente tramando, confundindo e encantando a consciência com ligações passionais muito além do ponto distanciado de uma perspectiva.

O livro jamais poderia ter sido realizado se não fosse por Gerald James Donat, que checou cada referência para evitar prováveis imprecisões – e há umas quinhentas referências a Jung no que se segue. Donat levantou sérias questões que tiveram que ser trabalhadas, e este texto foi aperfeiçoado graças à sua atenção com os detalhes e à força de seu raciocínio obstinado. Peter Bishop copiou as citações de Jung e diagramou-as *en face*, dando ao livro sua forma básica. Bishop foi cuidadoso e preciso em seu trabalho e realizou-o lindamente. Depois, Joseph Cambray revisou o que estava feito, amarrando cuidadosamente os fios soltos e encaixando minhas inserções irracionais de última hora.

Finalmente, Mary Helen Gray Sullivan apareceu, editando, checando novamente as referências, ajustando citações que não combinavam, introduzindo alterações e adendos, desenhando o livro página por página, descobrindo novas dúvidas – mais uma vez fazendo-me consciente de minhas falhas. Embora o livro traga um único autor, existem na verdade quatro outros – Sullivan, Donat, Bishop e Cambray. (As falhas, no entanto, são todas minhas.) E, é claro, um quinto, cujas palavras e cuja anima tornou esta tarefa válida para nós todos – C. G. Jung.

Aproveito a ocasião para agradecer também Tree Swenson por tão bons conselhos com relação à forma do livro e a Princeton University Press e a Routledge & Kegan Paul por permitir as citações dos escritos de C. G. Jung.

J. H.
1985

Nota Editorial

Nas páginas que se seguem, um ensaio de James Hillman aparece nas páginas ímpares, enquanto relevantes citações de trabalhos de Carl Gustav Jung aparecem nas páginas pares. Letras impressas ligeiramente acima (sobrescritas) por todo o ensaio de Hillman conduzem o leitor ao material apropriado das citações de Jung nas páginas à esquerda, que podem ser uma ou muitas. As letras alfabéticas começam novamente com "a" a cada dupla de páginas.

A introdução de Hillman lista, na página 25, as duas abreviações dos trabalhos de Jung utilizadas para que se possa identificar a fonte das citações. Leitores não familiarizados com seu "Collected Works" devem saber que as referências relacionadas a essa obra são feitas por número de volume e parágrafo.

Excluindo a caixa-alta das letras iniciais, todas as interferências editoriais da *Spring Publications* no material de Jung são indicadas por colchetes em negrito. Colchetes comuns estão ou reproduzidos do material original ou incluem material de Jung que foi transposto de um lugar para outro numa dada citação. Um "n." na referência de fonte de uma citação mostra que a *Spring* incluiu uma nota de rodapé relevante dos "Collected Works".

M. H. G. S.
1985

Considere, por exemplo, *Animus e Anima*. Nenhum filósofo de posse de seus plenos sentidos inventaria ideias tão irracionais e desajeitadas.

C. G. Jung
Carta a Calvin S. Hall

Os princípios básicos, os *archai*, do inconsciente são indescritíveis devido à sua riqueza de referência. O intelecto discriminador naturalmente tenta estabelecer sua singularidade de significado e assim deixa escapar o ponto essencial; pois aquilo que podemos acima de tudo estabelecer como o aspecto mais coerente com sua natureza é seu significado multifacetado, sua riqueza de referências quase sem limites, o que torna impossível qualquer formulação unilateral.

C. G. Jung, CW 9, i, §80

PARTE I

"... se um homem não sabe o que uma coisa *é*, ele amplia seu conhecimento se pelo menos souber o que uma coisa *não é*."

C. G. Jung
última frase de *Aion*

Introdução

Esta digressão pretende complementar as principais obras existentes sobre anima.[1] Já que esta literatura oferece uma considerável fenomenologia sobre a *experiência* da anima, vou examinar mais de perto a preterida fenomenologia da *noção* de anima. Experiência e noção influenciam-se mutuamente. Não apenas derivamos nossas noções de nossas experiências de acordo com a fantasia do empirismo, como também nossas noções condicionam a natureza de nossas experiências. Parece-me existir um sentimentalismo que inunda "anima", o qual desconfio estar embutido na própria noção, assim colorindo nossas experiências e a avaliação dessas experiências com tons róseos e pálidos. Dessa forma, examinar nossas experiências não corrige esse sentimentalismo, uma vez que elas já foram pré-julgadas pelas lentes rosadas que nos foram dadas, acredito, pela noção. Seria melhor que olhássemos para a noção, se é que é lá que o sentimentalismo está. É claro, "anima" demarca uma região difícil da psique, que raramente se presta a qualquer tipo de investigação. Mas a dificuldade que temos com anima nasce mais dos conceitos indiferenciados que temos dela do que de sua própria natureza indiferenciada. Jung explicou frequentemente o valor terapêutico dos conceitos como maneiras de tomar, abarcar e compreender, de modo que pensamento e sentimento conceituais precisos, especialmente no que se refere a um vago e sutil *fascinosum* como a anima, servem à consciência psicológica.

(a) De acordo com estes gnósticos, ... a figura feminina da Sabedoria, **[era]** Sofia--Achamoth... Sofia, em parte por um ato de reflexão e em parte levada pela própria necessidade, entrou em relação com a escuridão exterior. Os sofrimentos que a acometeram tomaram a forma de várias emoções – tristeza, medo, espanto, confusão, saudade; às vezes ria, às vezes chorava...

O estado emocional de Sofia mergulhou na inconsciência..., seu amorfismo, e a possibilidade de ela se perder na escuridão caracterizam de forma muito clara a anima de um homem que se identifica totalmente com sua razão e sua espiritualidade.

CW 13, §452ss.

(b) Se o encontro com a sombra é "obra de aprendiz" (*apprentice-piece*) no desenvolvimento de um indivíduo, então o trabalho com a anima é a "obra--prima" (*master-piece*).

CW 9, i, §61 (cf. carta a Traugott Egloff, 9 de fevereiro de 1959)

(c) Tenho notado que as pessoas não têm muita dificuldade em fazer uma ideia daquilo que chamamos de sombra... Mas lhes causa um enorme problema entender o que quer dizer anima. Eles a aceitam com suficiente facilidade quando ela aparece em romances ou como uma estrela de cinema, mas nada entendem dela quando é preciso observar o papel que ela desempenha em suas próprias vidas, porque ela soma tudo aquilo que um homem nunca pode vencer e com o que nunca para de lutar. Dessa forma, ela permanece num estado perpétuo de emocionalidade que não deve ser tocado. O grau de inconsciência que encontramos em relação a isto é, para não dizer coisa pior, estonteante.

CW 9, i, §485

Pode-se argumentar que a incerteza é própria da anima e que clarificação conceitual significa usar o intelecto onde ele não cabe. Quanto mais vagos forem nossos conceitos, melhor refletem a anima. A meu ver, essa discussão tão conhecida indica que fomos envolvidos pela anima feito tolos e atraídos por ela para dentro da floresta. Da mesma forma que não devemos deixá-la dominar o terreno das relações pessoais onde, como Eva, ela nos tornaria demasiadamente carnais e literais, assim também não podemos deixá-la dominar o terreno das ideias onde, como Sofia, ela nos tornaria confusos e amorfos.[a] Podemos também ser vítimas da projeção da anima com ideias sentimentais que turvam e embaralham nossa mente, assim como com pessoas. Hoje em dia, o *sacrificium intellectus* na psicologia analítica desvia-se muitas vezes de seu significado original – dedicar o intelecto aos Deuses – para abandonar sua carga em troca de ternura e maciez. Nem Freud nem Jung tiveram de cortar a cabeça para servir à psique. Se Sofia é uma das faces da anima, então sutileza na utilização da mente certamente não é nenhuma ofensa a ela, podendo até ser um de seus pedidos ao psicólogo e um exercício que a delicia.

Precisão no que se refere à anima parece particularmente relevante por duas razões: primeiro, porque nossa sociedade, e a psicologia como parte dela, está em alta tensão no que concerne a sentimento, feminilidade, eros, alma, fantasia – áreas que a psicologia analítica envolveu com anima; e segundo, porque Jung disse que, para o indivíduo, a *Auseinandersetzung** "com a anima é a 'obra-prima'" do trabalho psicológico.[b] Novamente, a clarificação daquilo que a noção carrega pode trazer algum *insight* para as confusões sociais e individuais, inclusive a minha, enquanto escrevo, e a sua, enquanto lê.[c]

"Anima" recebe várias definições em Jung. Estas podem ser vistas como níveis de diferenciação que podemos separar antes de tentar entender suas inter-relações. Por níveis, não quero sugerir uma hierarquia de estágios ou uma graduação de valor, mas apenas facetas sobrepostas umas às outras. Essas diversas definições não necessitam ser tratadas historicamente, pois não estamos envolvidos num estudo do desenvolvimento do

---

* Discussão, luta. (N.T.)

(a) ... referência valiosa a *Tristram Shandy* [1759-67]. ["as duas almas em qualquer homem vivo, – uma... chamada o ANIMUS, a outra, a ANIMA" (Londres, 1911, p. 133)]. Para começar, eu não tinha de jeito nenhum o sentimento de que era culpado de plágio com minha teoria [anima/animus], mas nos últimos cinco anos... descobri... traços dela em velhos alquimistas... Só posso pensar que Laurence Sterne baseou-se nos ensinamentos secretos (presumivelmente da Rosa-Cruz) de seu tempo. Eles contêm O Segredo Real do Rei e da Rainha, que não eram ninguém mais nem menos que animus e anima, ou Deus e Dea.

Carta a Georgette Boner, 8 de dezembro de 1938

(b) Nenhum homem é tão inteiramente masculino que não tenha nada de feminino em si... A repressão de traços femininos... faz com que essas demandas contrassexuais se acumulem no inconsciente.

CW 7, §297 (cf. §§296-301)

... o feminino pertence ao homem como sua própria feminilidade inconsciente, a qual chamei de anima.

CW 5, §678

É normal um homem resistir à sua anima, porque ela representa... todas aquelas tendências e conteúdos até então excluídos da vida consciente.

CW 11, §129

conceito de anima nas ideias de Jung.[a] Ao contrário, tratarei as noções fenomenologicamente, usando os *Collected Works* (CW), e eventualmente *Memórias, Sonhos e Reflexões* (MSR) e as *Letters* (referidas pela data e destinatário),[2] como um corpo único, sem atenção especial à ordem cronológica das noções de anima ou de seus contextos.

1. Anima e Contrassexualidade

Jung e a literatura da psicologia analítica empregam "anima" principalmente referindo-se ao aspecto contrassexual, menos consciente da psique do homem.[b] "A anima pode ser definida como a imagem, o arquétipo ou o depósito de todas as experiências do homem com a mulher" (CW 13, §58). Essa definição básica, que situa a anima apenas na psique do homem, é reforçada por uma especulação biológica: "A anima é, presumivelmente, uma representação psíquica da minoria de

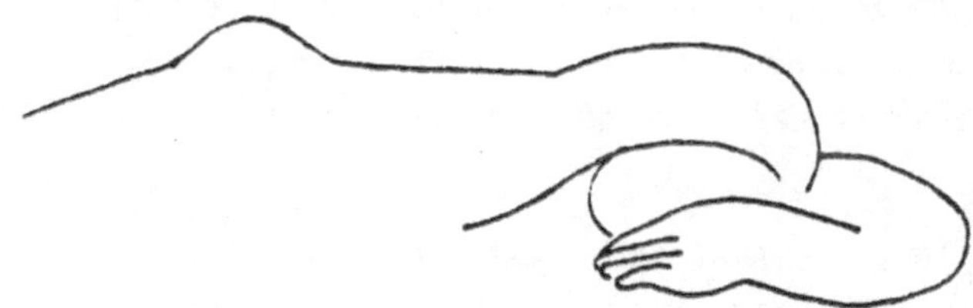

(a) Poderíamos comparar a masculinidade e a feminilidade e suas componentes psíquicas, por exemplo, com determinada provisão de substâncias.

CW 8, §782

Até certo ponto, cada sexo habita no sexo oposto pois, do ponto de vista biológico, é justamente a maioria de genes masculinos que pesa na balança em favor da masculinidade. Um menor número de genes femininos parece formar um caráter feminino, que normalmente permanece inconsciente devido à sua posição subordinada.

CW 9, i, §58

... conforme o caso, o sexo é determinado pela maioria de genes masculinos ou femininos. Mas a minoria de genes pertencentes ao sexo oposto não desaparece simplesmente. Portanto, o homem possui em si um lado feminino, uma figura feminina inconsciente – fato do qual ele geralmente não está ciente. É sabido que denominei essa figura de "anima"...

CW 9, i, §512

A anima, sendo psicologicamente a contraparte feminina da consciência masculina, baseada na minoria de genes femininos no corpo masculino...

Carta ao Cônego H. C., Inglaterra, 8 de janeiro 1948

... todo homem "contém Eva, sua esposa, escondida no seu corpo". É esse elemento feminino em cada homem (com base na minoria de genes femininos em sua constituição biológica) que chamei de *anima*.

CW 18, §429

(b) O fato de o *rotundum* estar contido na anima e por ela ser prefigurado dá-lhe um extraordinário fascínio... Portanto, num certo nível, a mulher aparece como a verdadeira portadora da tão desejada totalidade e redenção.

CW 14, §500

Quando esse instinto da totalidade se manifesta, ele aparece primeiro disfarçado no simbolismo do incesto, pois o feminino mais próximo de um homem é sua mãe, sua mulher ou sua filha, quando ele não o procura dentro de si.

CW 16, §471

genes femininos no corpo do homem" (CW 11, §48).[a] Anima assim torna-se a condutora e até mesmo a imagem da "totalidade",[b] pois completa o hermafrodita tanto psicologicamente quanto como representante da contrassexualidade biológica do homem.

Se a anima representa a lacuna feminina no homem, uma terapia centrada na ideia da individuação direcionada para a totalidade vai focalizar-se principalmente no seu desenvolvimento. O desenvolvimento da anima assim tornou-se o maior princípio terapêutico nas ideias de muitos psicólogos analíticos, e o "desenvolvimento do feminino" a principal plataforma da psicologia analítica. Mas assim como "anima" permanece uma ideia densamente misturada a outras noções – eros, sentimento, relações humanas, introversão, fantasia, vida concreta, e outras que estaremos revelando no decorrer do livro – o desenvolvimento da anima, como a própria anima, continua a significar muitas coisas para muitos homens. Disfarçado de "desenvolvimento de anima", acontece um rico tráfico de hipóteses contrabandeadas, devoções a eros, indulgências escatológicas sobre salvar a própria alma por meio dos relacionamentos, tornando-se mais feminino, e o sacrifício do intelecto.

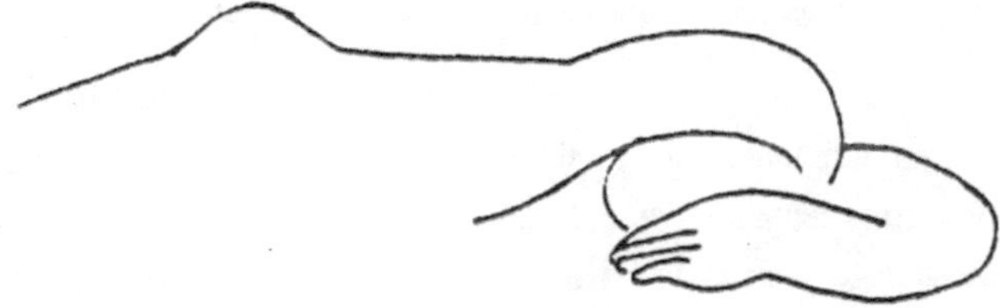

(a) Para um rapaz, uma forma anímica claramente discernível aparece em sua mãe... Um homem infantil geralmente possui uma anima maternal; um homem adulto, a figura de uma mulher mais jovem. O senil encontra compensação numa garota muito jovem ou até numa criança.

CW 9, i, §357

Em ambos os casos [anima e animus], o aspecto incestuoso desempenha um papel preponderante; na mulher jovem é o pai; na de mais idade, o filho; no homem jovem, a mãe; no mais velho, a filha.

CW 16, §521

Se ela é velha, isto é uma indicação de que aquela consciência tornou-se consideravelmente mais infantil. Se ela é jovem, então a pessoa é muito velha em sua atitude consciente.

Carta ao Dr. SS., 22 de março de 1935

(b) Os sentimentos de um homem são, por assim dizer, os de uma mulher, e, como tal, aparecem em sonhos. Designei essa figura com o termo *anima*, porque ela é a personificação das funções inferiores que colocam o homem em relação com o inconsciente coletivo.

CW 18, §187

(c) A personalidade interior é o modo como nos comportamos em relação aos nossos processos psíquicos internos; é a atitude interna, a face característica, que se volta em direção ao inconsciente. Chamo a atitude externa, a face exterior, de *persona*; a atitude interna, a face interior, chamo de *anima*.

CW 6, §803

... em um homem, a alma, isto é, a anima, ou atitude interna, é representada no inconsciente por pessoas definidas com qualidades correspondentes. Tal imagem é chamada de "imagem da alma". Muitas vezes essas imagens são de figuras bastante desconhecidas ou mitológicas.

CW 6, §808

A primeira noção de anima como o lado contrassexual do homem é concebida numa fantasia de opostos.[3] Homens e mulheres são opostos, consciente e inconsciente são opostos, masculinidade consciente e feminilidade inconsciente são opostos. Essas oposições são mais especificamente caracterizadas por outras: uma consciência jovial tem uma figura de anima mais idosa; um adulto forma o par com uma imagem de *sóror* semelhante a si em idade; a consciência senil encontra correspondência numa menina.[a] Assim, também um fator social entra na definição contrassexual. Em diversas passagens,[b] "anima" refere-se à personalidade contrassocial, inferior. Há uma oposição entre o papel exterior que se representa na vida social e a vida interior e menos consciente da alma. Esse aspecto menos consciente, que está voltado para dentro e que é vivido como a sua interioridade pessoal, é a anima como "imagem de alma".[c]

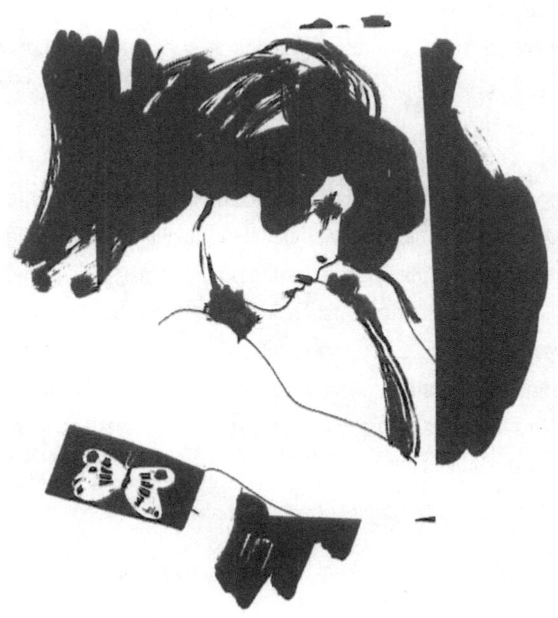

(a) Há casos em que a anima impede excessivamente as boas intenções da consciência, criando um contraste entre a vida particular do indivíduo e sua esplêndida *persona*; o caso oposto e equivalente é o do indivíduo ingênuo, que nada sabe acerca da *persona* e que tropeça no mundo com as mais penosas dificuldades... Mas se revertermos o quadro e compararmos dois indivíduos, um possuidor de uma esplêndida anima e outro desprovido dela, constataremos que o primeiro estará tão informado sobre o mundo quanto o segundo sobre a anima e seus assuntos.

CW 7, §318

(b) Poderíamos comparar a masculinidade e a feminilidade, e suas componentes psíquicas, por exemplo, com determinada provisão de substâncias utilizadas, por assim dizer, de modo desigual na primeira metade da vida. O homem consome grande quantidade de substância masculina e deixa apenas uma reserva menor de substância feminina, que agora deve ser utilizada.

CW 8, §782

Depois da metade da vida, contudo, uma perda permanente da anima significa uma diminuição da vitalidade, da flexibilidade e da bondade humana. O resultado, via de regra, é uma rigidez prematura, rispidez, estereotipia, unilateralidade fanática, obstinação, pedantismo ou, mais ainda, resignação, cansaço, imundície, irresponsabilidade e, finalmente, um *rumollissement* infantil com uma tendência ao alcoolismo. Depois da metade da vida, portanto, a conexão com a esfera arquetípica da experiência deveria, se possível, ser restabelecida.

CW 9, i, §147

Quanto mais um homem se identifica com seu papel social e biológico de homem (*persona*), maior será a dominação interna da anima.[a] Assim como a *persona* dirige a adaptação à consciência coletiva, a anima governa o mundo interno do inconsciente coletivo. Da mesma forma que a psicologia do homem, de acordo com Jung,[b] depois da meia-idade desloca-se em direção ao seu oposto feminino, também há uma suavização e um enfraquecimento fisiológico e social em direção ao "feminino", tudo isso ocasionado pela anima.

Não há dúvida que a experiência realmente confirma essa primeira noção de anima que a considera como a linhagem feminina inferior do homem. De fato, ela primeiro aparece por meio de figuras de sonho, emoções, queixas sintomáticas, fantasias obsessivas e projeções do homem ocidental. Anima é "a sedutora glamourosa, possessiva, temperamental

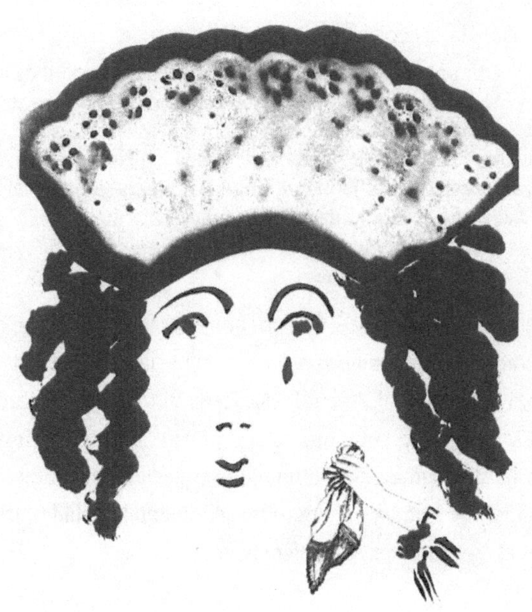

(a) A anima... é a "energia do pesado e do turvo"; ela se apega ao coração corporal, de carne. Seus efeitos são "desejos sensuais e impulsos de raiva". "Aquele que é sombrio e cheio de humores ao acordar... está acorrentado à anima."

CW 13, §57

Tomemos, por exemplo, o tipo do benfeitor público, o homem "sem mácula", temido em casa pela mulher e pelos filhos por seu caráter irascível e humor explosivo. Qual o papel da anima nesses casos?

CW 7, §319

(b) Quando a sombra, a personalidade inferior, está em grande parte inconsciente, o inconsciente é representado por uma figura masculina.

CW 10, §714, n. 21

(c) O jovem em crescimento deve ser capaz de libertar-se do fascínio anímico da mãe. Há exceções, principalmente entre artistas, com os quais o problema é um pouco diferente; também a homossexualidade que normalmente se caracteriza pela identificação com a anima... Tal disposição não deveria ser julgada de modo negativo em todos os casos, na medida em que preserva o arquétipo de Homem Original, que um ser sexualmente unilateral, até certo ponto, perdeu.

CW 9, i, §146

A relação homossexual entre um homem mais velho e um mais jovem pode ser vantajosa para ambos e ter um valor duradouro. Uma condição indispensável para o valor de tal relação é a firmeza da amizade e a lealdade a ela. Mas é muito comum a falta de tais condições... Uma amizade desse tipo naturalmente envolve um culto especial do sentimento, do elemento feminino no homem. Ele se torna sentimental, afetado, estético, supersensível etc. – numa palavra, efeminado...

CW 10, §220

e sentimental que existe no homem" (CW 9, ii, §422). "Ela intensifica, exagera, falsifica e mitologiza todas as relações emocionais..."[a]

Todavia, a síndrome dos traços femininos inferiores na esfera pessoal, como outras síndromes (histeria de conversão ou acessos maníacos, por exemplo), é relativa aos dominantes da cultura e do *Zeitgeist*.* As síndromes que eram frequentes quando Freud começou a psicanálise são menos frequentes hoje; a anima como uma síndrome de traços femininos inferiores ou excessivos é menos evidente na medida em que a cultura se movimenta em direção à incorporação de atitudes "tipicamente anima" em seus valores coletivos. Não devemos, portanto, identificar uma *descrição* de anima num período da história rigidamente patriarcal, puritanamente defensivo, extrovertidamente intencional e desalmado com sua *definição*. Mesmo se a anima exagera e mitologiza, sua influência nas relações emocionais de hoje, quando a interioridade da alma e a contrassexualidade são um requisito, aparecerá diferentemente e será governada por outros mitos. A tarefa agora é descobrir quais descrições lhe são apropriadas nessa época e de que forma ela mitologiza hoje.

Além disso, independentemente de períodos históricos e de suas noções de efeminação, pode existir uma consciência sofisticada de anima (no trovador, no ator, no cortesão, no diplomata, no pintor, no florista, no decorador ou no psicólogo – embora sempre com certas restrições) que se refere menos à feminilidade inconsciente do que à identidade egoica real. Um homem pode ser governado principalmente pela anima sem ser inconsciente, isto é, sem mostrar traços contrassexuais indiferenciados ou compulsivos. Um homem pode de fato tornar-se uma criança da anima no seu comportamento social, vivendo adaptado a uma consciência coletiva que novamente abriu espaço para aquilo que até agora, neste século, teria sido considerado uma subjetividade de anima absurdamente inferior e uma sensibilidade feminina. Em face a esses fenômenos, a psicologia analítica é capaz ainda de manter sua teoria ao referir-se novamente à fantasia dos opostos. Aqui "anima" faz par com a sombra masculina.[b] Quando o ego de um homem mostra uma preponderância de traços anímicos clássicos, o inconsciente é representado pela sombra ctônica masculina; quando o ego de um homem é feminino, sua contrassexualidade inconsciente deve ser masculina. Algumas vezes Jung discute a homossexualidade masculina como uma identificação com a anima.[c]

---

* Espírito da época. (N.T.)

(a) ... é essencialmente a supervalorização do objeto material e exterior, que constela no interior uma figura espiritual e imortal (naturalmente com o propósito de uma compensação e autorregulação)... pois... há uma relação compensatória entre *persona* e anima.

CW 7, §§303-04

Assim como a *persona* é a imagem que o sujeito apresenta no mundo e que é vista pelo mundo, também a anima é a imagem do sujeito na sua relação com o inconsciente coletivo... Também pode-se dizer: a anima é a face do sujeito vista pelo inconsciente coletivo... Se o ego adota o ponto de vista da anima, a adaptação à realidade fica severamente comprometida.

CW 7, §521

... o caráter da anima pode ser deduzido do caráter da *persona*. Tudo o que normalmente deveria estar na atitude exterior, mas está conspicuamente ausente, poderá ser invariavelmente encontrado na atitude interior. Esta é uma regra fundamental...

CW 6, §806

(b) No que se refere às qualidades humanas comuns, o caráter da anima pode ser deduzido do caráter da *persona*... Mas no que se refere a qualidades individuais, nada pode ser deduzido... Só podemos ter certeza de que, quando um homem é idêntico à sua *persona*, suas qualidades individuais estarão associadas à anima. Essa associação frequentemente faz surgir em sonhos o símbolo da gravidez psíquica... A criança que está por nascer significa a individualidade que, apesar de presente, ainda não está consciente.

CW 6, §806

Hoje em dia as noções de "masculino" e "feminino" estão em disputa. Essa disputa ajudou a diferenciar papéis sexuais dos papéis sociais, e mesmo a diferenciar tipos de identidade sexual, isto é, se baseada em características sexuais primárias ou secundárias, manifestas ou genéticas, físicas ou psíquicas. Ficou difícil falar de anima como feminilidade inferior, já que não estamos mais seguros do que seja "feminilidade", que dirá feminilidade "inferior". Mais que isso, a psicologia arquetípica colocou em dúvida a própria noção de ego.[4] A identidade egoica não é uma coisa única, mas numa psicologia politeísta o "ego" reflete qualquer dos vários arquétipos e representa diversos mitologemas. Ele tanto pode ser influenciado por uma Deusa como por um Deus ou Herói, e também pode apresentar estilos "femininos" no comportamento sem que isso seja um indicador de fraqueza egoica ou de uma incipiente perda de ego. O ego de um homem pode exercer todas as funções requeridas de um ego sem que este precise ter Hércules ou Cristo como modelo. Nem capitão, pai ou construtor de cidades; em lugar disso, deslocar-se no mundo como um filho da Lua ou de Vênus, ainda assim conservando intactas as funções egoicas tais como orientação, memória, associação e propriocepção. Voltaremos à relação ego/anima nos Capítulos 5 e 10.

Porque a fantasia dos opostos[a] mantém a anima num tandem social com a *persona* ou com a sombra e num tandem sexual com a masculinidade, negligenciamos sua fenomenologia *per se* e assim encontramos dificuldade em compreendê-la exceto em contraste com essas outras noções (masculinidade, sombra, animus, *persona*). Estamos sempre encarando a fenomenologia da anima de dentro de uma armadura ou do prato oposto de uma balança. Nossas noções de anima são desenhadas compensando alguma outra coisa a que ela está sempre ligada. (Veja mais adiante o Capítulo 10, sobre a Sizígia.) E, como as diferenças entre masculinidade social e sexual permanecem confundidas, e nossas ideias sobre o ego endureceram-se em clichês dogmáticos, a *definição* de anima tende a derivar-se de – e não diferenciar-se suficientemente de – seus momentos históricos e culturais. Ainda assim, a *fenomenologia* da anima existia antes e continua a existir independentemente do enquadramento psicológico no qual ela tem sido colocada. Em outras palavras, anima nos dá, a cada um, um sentido de alma individualizado, completamente separado de qualquer coisa que ela possa estar compensando. Mas essa alma individualizada é meramente uma insinuação. E exatamente essa latência, essa gravidez no seu desconhecido, incendeia as compulsões em direção a ela. Porque ela carrega em seu ventre nosso vir a ser individualizado, somos atraídos para o cultivo da alma.[b]

(a) ... num nível inferior, a anima é a caricatura do Eros feminino... Eros é um entrelaçamento... Eros é relação...

CW 13, §60

Ele **[**o sal**]** representa o princípio feminino do Eros, o qual faz todas as coisas se relacionarem entre si... Sal, como a alma ou a cintila da *anima mundi*, é filho do *spiritus vegetativus* da criação.

CW 14, §322

À parte a umidade lunar e a qualidade terrestre do sal, destacam-se mais as propriedades de amargor e sabedoria... O sal, portanto, é atribuído à natureza feminina por ser ele o portador dessa alternativa mareada pelo destino.

CW 14, §330

A confirmação de nossa interpretação de sal como Eros (isto é, como uma relação de sentimento) pode ser encontrada no fato de o amargor ser a origem das *cores*...

CW 14, §333

... a anima corresponde ao Eros maternal.

CW 9, ii, §29

... o homem será forçado a desenvolver seu lado feminino, a abrir seus olhos para a psique e para Eros. Essa é uma tarefa que ele não pode evitar, a menos que prefira rastejar atrás da mulher como um menino desesperado, adorando de longe, mas sempre correndo o risco de ficar escondido atrás dela.

CW 10, §259 (cf. §§255-58)

A anima é de índole erótica e emociona... Por basear-se na projeção da própria anima, costuma ser errado a maior parte do que os homens dizem a respeito da erótica feminina, como também sobre a vida emotiva da mulher.

CW 17, §338

2. Anima e Eros

Isto, implica que, ao tentarmos expor uma ideia definida de anima, devemos estar atentos a qualquer traço descritivo que ela normalmente carrega. Os primeiros a serem questionados são os traços eróticos.[a] Conteúdos e sentimentos eróticos ficaram vinculados ao arquétipo da anima – mas será que necessariamente pertencem a ele?

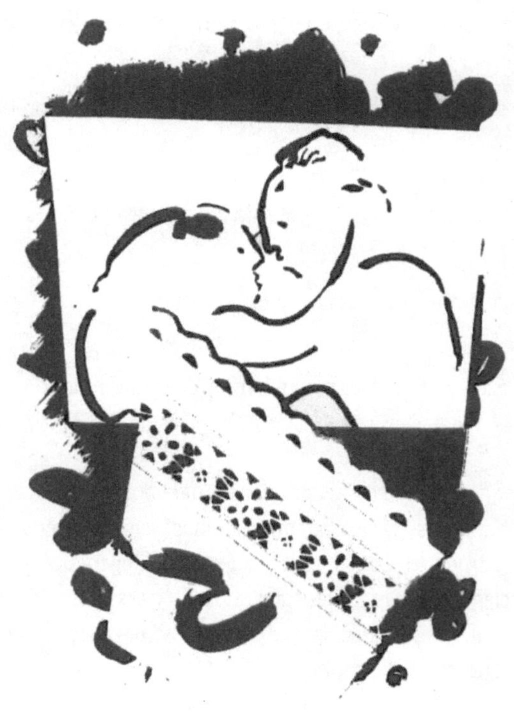

(a) As palavras latinas *animus*, espírito, e *anima*, alma, têm o mesmo significado do grego *anemos*, vento. A outra palavra grega que designa o vento, *pneuma*, significa também espírito. No gótico encontramos o mesmo termo sob a forma de *us-anan*, expirar, e no latim *anhelare*, ofegar. No velho alto-alemão, *spiritus sanctus* traduzia-se por *atum*, respiração. Em árabe, o vento é *rih* e *ruh* é alma, espírito. A palavra grega *psyche* tem um parentesco muito próximo com esses termos; está ligada a *psychein*, soprar, *psychos*, fresco, *psychros*, frio, e *physa*, fole. Essas conexões nos mostram claramente que os nomes dados à alma no latim, no grego e no árabe estão vinculados à ideia de ar em movimento, de "hálito frio dos espíritos".

CW 8, §664

Para Heráclito, a alma no seu nível mais elevado é fogosa e seca, porque ψνχή como tal é bastante semelhante a "hálito frio" – ψνχειν significa respirar, soprar; ψνχρός e ψνχος significam frio, gélido, úmido.

CW 9, i, §55

... a alma... foi sensualmente visualizada como um corpo-hálito.

CW 14, §748

(b) ... um outro fato a que já fiz alusão é o aspecto histórico da alma.

CW 7, §303

... o aspecto *histórico* das... figuras de anima.

CW 7, §299

Com essa anima, então, mergulhamos direto no mundo arcaico.

CW 12, §112 (cf. CW 7, §§299-303)

(c) Se examinarmos seu conteúdo... encontraremos inúmeras associações arcaicas e "históricas"... Eles **[**anima e animus**]** evidentemente vivem e funcionam... particularmente naquele substrato filogenético a que chamei de inconsciente coletivo... Eles trazem para a nossa consciência efêmera uma vida psíquica desconhecida que pertence ao passado remoto. É a mente de nossos ancestrais desconhecidos...

CW 9, i, §518

Fenomenológica e linguisticamente, *anima* e *psyché*[5] têm mais a ver com ar, o ar vivo da mente como a base sagrada do poder gerador (mais tarde, nossa *anima rationalis* ou alma intelectual), com respiração, como apontou Jung,[a] com orvalho e sereno, e até com terra e morte (a alma *p'o*, *anima telluris*), do que com fogo e desejo.[6] Essa substância anímica vaporosa, como a bruma que paira sobre pântanos, as aves aquáticas, os bambus e a brisa que agita os bambus, encontra paralelos em Bachofen ("hetaerism"*), no *Lexikon* de Roscher ("ninfas"), e em Emma Jung ("Naturwesen").[7] Em outros trabalhos[8] já expus algumas das tradicionais fenomenologias contrastantes de anima e eros, de forma que aqui não há necessidade de nos aprofundarmos muito. A primeira é úmida, vegetativa, receptiva, indireta, ambígua; sua consciência é reflexiva e flui. O segundo é ígneo, fálico, vivaz, direcionado, esporádico e desvinculado, vertical como uma flecha, uma tocha, uma escada.

Anima "imediatamente cerca-se de um sentimento histórico específico" (CW 10, §85).[9] Há um sentido de história evocado especialmente pelo arquétipo da anima;[b] "Ela gosta de aparecer em vestes históricas" (CW 9, i, §60), e "tem um relacionamento especial com o *tempo*" (CW 9, i, §356). Suas associações históricas alcançam o passado arcaico, até mesmo filogenético.[c] Embora o animus possa vir através do pai e ser representado por uma corte *senex* de pais e, assim, mostrar um conservadorismo igualmente forte, e mesmo na "essência mais profunda" ser "tão historicamente orientado quanto a anima" (CW 10, §89), mesmo assim Jung faz um contraste entre anima e animus em termos de um "sentido místico de história". Enquanto a anima volta para trás, animus está "mais preocupado com o presente e o futuro" (ibid., §86). Essa distinção pode ser extrapolada de modo prático: anima nos puxa para a história, de forma que a briga com a história – história de nós mesmos enquanto casos, de nossos ancestrais, de nossa cultura – é um modo de cultivar a alma. Ocupar-se com história, e a perspectiva histórica, reflete anima. Ocupar-se com o presente no cenário político, nas reformas sociais, na moda, e toda a futurologia é animus – seja no homem ou na mulher.

---

* Teoria de que a condição de concubinagem promíscua caracteriza toda a sociedade primitiva. (N.T.)

(a) A antiguidade já conhecia a escala erótica das quatro mulheres: Chawwa (Eva), Helena (de Troia), Maria, Sofia; uma sequência que se repete de maneira alusiva no *Fausto* de Goethe, ou seja, na figura de *Gretchen*, enquanto personificação de uma relação puramente instintiva (Eva); de *Helena*, enquanto figura da anima; de *Maria*, enquanto personificação de uma relação celestial, isto é, religiosa e cristã; e do *Eterno-Feminino* (Sofia), enquanto expressão da *Sapientia* alquímica. Pela denominação, deduz-se que se trata de quatro estágios do eros heterossexual, ou seja, da imagem da anima e, consequentemente, de quatro estágios culturais do Eros. O primeiro grau da Chawwa, Eva, Terra é apenas biológico, em que a mulher = mãe não passa daquilo que pode ser fecundado. O segundo grau ainda diz respeito a um Eros predominantemente sexual, mas em nível estético e romântico, em que a mulher já possui certos valores individuais. O terceiro grau eleva o Eros ao respeito máximo e à devoção religiosa, espiritualizando-o. Contrariamente a Chawwa, trata-se da maternidade espiritual. O quarto grau explicita algo que contraria as expectativas e ainda supera esse terceiro grau dificílimo de ser ultrapassado: é a *Sapientia*. Esse grau representa a espiritualização de Helena, portanto, do próprio Eros.

CW 16, §361

(b) "[*Anima*] é uma fumaça sutil e imperceptível."

CW 12, §394, n. 105

Anima e animus precisam um do outro; pois animus pode tornar o passado relevante para o presente e o futuro, enquanto anima dá profundidade e cultura às previsões e opiniões vigentes. Sem os dois juntos, ou ficamos perdidos em escavações arqueológicas de acadêmicos refinamentos anímicos ou cavalgamos a onda do futuro, seguindo animus rumo à era espacial da ficção científica e da catástrofe poluição/população.

Em contraste à profundidade histórica da anima, Eros é eternamente jovem, não possui história, chegando até mesmo a acabar com ela ou a criar a sua própria história, sua "história de amor". E enquanto anima retira-se em direção ao isolamento meditativo – o refúgio da alma – eros procura uniões.

Mesmo quando Jung fala dos "quatro estágios do erotismo"[a] e correlaciona os quatro estágios da fenomenologia erótica com os quatro níveis de anima (Eva, Helena, Maria, Sofia), as imagens femininas não são o próprio eros mas os objetos do seu desejo (*pothos*). Um impulso tem uma projeção correspondente, um objeto a ser alcançado, um graal para conter seu sangue. Esses continentes podem ser representados pelas imagens de anima que Jung descreve, e uma qualidade de eros pode ser relacionada a cada uma delas, mas as figuras não são eros. Elas não são as amantes, mas as amadas; são reflexos do amor. Elas são os meios pelos quais eros pode ver-se. Quando nosso desejo está espelhado numa alegre colegial ou numa irmã de caridade, através da especificidade da imagem anímica podemos conhecer mais precisamente a qualidade do nosso desejo. Mas o desejo não é nem a colegial, nem a freira. As imagens são retratos da alma por meio dos quais eros é atraído ao campo psíquico e pode ser vivido como um evento psíquico.

Bachelard[10] associa anima com devaneio (em contraste com animus e com a atividade do sonhar); Corbin[11] com imaginação; Ficino[12] com fantasia (*idolum*) e destino; Onians[13] com vida e morte; Porfírio[14] com um espírito úmido e "opacidade aérea".[15,b] Essas fenomenologias tradicionais da noção de alma, incluindo as extensas descrições lunares da anima em Jung (CW 14, §154-233), não possuem traços eróticos marcantes. Essas noções não identificam anima com eros nem atribuem o princípio erótico à alma. Mais que isso, enquanto anima está classicamente relacionada com uma função internamente localizada em profunda associação com a vida humana e seu destino, eros é um *daimon*, externo, que se impõe à vida e ao

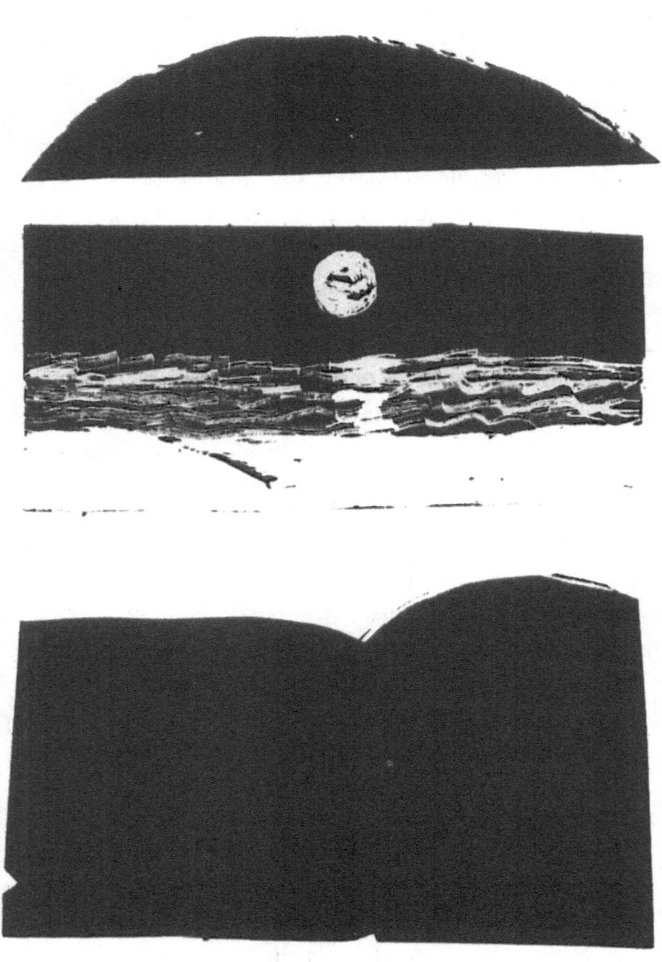

destino. Amamos e deixamos de amar, somos arrebatados e redimidos, ou amaldiçoados pela ação do amor, porém aquilo que é influenciado pelo amor não é amor mas alma. Alma é o alvo da flecha, o material combustível do fogo, o labirinto no qual ele dança. O que eu gostaria de enfatizar especialmente é esta noção estrutural: anima é uma *estrutura arquetípica da consciência*. Como tal, ela oferece um modo de estar no mundo especificamente estruturado, um modo de se comportar, de perceber e de sentir que dá aos eventos o significado não do amor, mas da alma. Que mais podemos dizer sobre essa estrutura? Que características a diferenciam, se não são eróticas?

Anima é interior (daí "fechada" e chamada "virginal" nas metáforas poéticas e religiosas da alma), devota, embora lábil, generosa e geradora, embora reservada (tímida, envergonhada, retirada, pura, velada – estas últimas qualidades são apresentadas pelas ninfas virgens e Deusas como Maria ou Ártemis). A essa interioridade pertence um movimento de aprofundamento descendente[16] (cavernas, profundezas, tumbas) que na fenomenologia de Cora-Perséfone a conecta com o rei das trevas. "*Anima* não era o nome comum para a alma em vida, só depois da morte."[17] Ela carrega a nossa morte; a nossa morte está alojada na alma. Novamente essas noções estão muito distantes de qualquer ideia de anima como o princípio erótico, especialmente depois que eros passou a significar – e não somente com Freud – a libido, o impulso de vida oposto à morte.

Essa consciência é determinada pelo humor, uma noção que tem sido representada na fenomenologia mitológica por imagens de paisagens naturais (nuvens, ondas, águas calmas). A consciência anímica favorece um mimetismo protetor, uma *ligação* a alguma coisa ou a alguém que ela ecoa. Aqui vemos as ninfas da floresta que pertencem às árvores, as almas que pairam sobre as águas, que falam nas grutas e cavernas, que cantam nas rochas e nos remoinhos do mar – e, mais vividamente, os súcubos. Entender anima em tandens já está implícito na sua fenomenologia. Assim, pensamos nela em noções tais como a ligação com o corpo ou com o espírito, ou no mistério da mãe-filha, no par masculino-feminino, como compensação da *persona*, no conluio com a sombra, ou como um guia para o *self*.

Nesses pares, como no imaginário mitológico, anima é o parceiro reflexivo; é o que oferece o momento de reflexão naquilo que está naturalmente dado. Ela é o fator psíquico na natureza, uma ideia formulada no século

(a) Mas como nos atrevemos a chamar esse elfo de "anima"? Anima quer dizer alma e deveria designar algo maravilhoso e imortal. Mas isso não foi sempre assim. Não deveríamos esquecer que esse tipo de alma é uma concepção dogmática, cujo propósito é pinçar e capturar algo misteriosamente vivo e ativo. A palavra alemã *Seele* está intimamente relacionada, através de sua forma gótica *saiwalô*, com a palavra grega αἰόλος, que significa acelerado, que muda de aspecto, cintilante, algo como uma borboleta – ψυχή – que embriagadamente vacila de flor em flor e vive de mel e amor.

CW 9, i, §55

...a alma, esta coisa vislumbrante, eólica, ilusória como uma borboleta (anima, ψυχή).

CW 9, i, §391

(b) Hermes, originalmente um deus do vento, e seu correspondente egípcio Thot, que "faz as almas respirarem", são os precursores do aspecto aéreo do Mercúrio alquímico. Os textos com frequência utilizam os termos *pneuma* e *spiritus* no sentido concreto original de "ar em movimento"... Ele é a... pedra suspensa pelo vento...

"Alma" representa um conceito mais elevado do que "espírito" no sentido de ar ou gás. Como "corpo sutil" ou "sopro da alma" significa algo imaterial e mais fino que o ar. Sua característica essencial é animar e ser animado... Mercúrio é frequentemente chamado de "anima"...

CW 13, §§261-62

... a *anima iliastri* pode jorrar do coração quando lhe falta o "ar"; ou seja, se os tratamentos psíquicos não são ministrados, a morte ocorre prematuramente.

CW 13, §201

passado como "animismo". Sentimos esse momento de reflexão nas emoções contrárias que os fenômenos da anima constelam; fascinação mais perigo, pavor mais desejo, submissão a ela como destino mais suspeita, a profunda consciência de que esse caminho guarda a minha vida e a minha morte. Sem essas emoções que agitam a alma, não haveria significado nos lugares naturais e nas questões humanas aos quais ela está ligada. Mas vida, destino e morte não podem se tornar "conscientes", de forma que com ela constela-se a consciência da nossa inconsciência fundamental. Em outras palavras, a consciência dessa estrutura arquetípica nunca está distante da inconsciência. Seu vínculo primário é com o estado da natureza, com as coisas que simplesmente são – vida, destino, morte – e que podem apenas ser refletidas, mas nunca separadas de sua impenetrável opacidade. Anima fica perto desse terreno da mente inconsciente natural.

Uma consciência que não se eleva, mas fica presa, que paira e flutua sobre o campo dos eventos naturais, tem sua imagem também na borboleta.[a] A fascinação das mariposas pela chama há tempos representa a agitada ligação da alma com eros, e a borboleta sugando seu alimento das flores do sentimento também representa a relação eros-psique. A borboleta indica novamente o ar como o elemento da psique. Estar no ar, se dar ares de, borboletear, ter cabeça de vento, esbaforir-se ou mudar sua atmosfera – tudo isso pertence à anima.[b] Sonhar com voos rasantes, especialmente sobre a mobília ou as pessoas numa sala (fechado, interior, dentro), podem ser distinguidos dos voos do *puer*, e não são necessariamente perigosos sinais de "estar perdendo o chão", de inflação, de estar fora de si. Encaro esses voos como parte da fenomenologia da anima e o ar como um legítimo elemento para certas condições da alma. Voos rasantes em sonhos de infância parecem-me um prenúncio de consciência da anima.

Como a borboleta, a consciência anímica move-se por fases, carregando um processo, uma história. É ovo, larva, casulo, asa – não apenas sucessivamente, mas ao mesmo tempo. Nossa abordagem intensamente evolutiva aos eventos e às imagens faz com que enxerguemos primeiro o desenvolvimento, esquecendo que no campo do imaginal todos os processos que pertencem a uma imagem são todo o tempo inerentes a ela. Não há meramente uma *coincidentia oppositorum*, mas uma coincidência de processos. Todas as fases ao mesmo tempo; sem primeiro e último, melhor e pior, progressão e regressão. Em vez disso, a história da alma como uma série de imagens superpostas.

(a) A prostituta (*meretrix*) é uma figura bastante conhecida na alquimia. Ela caracteriza a substância arcana em seu estado inicial, "caótico", maternal... "Vênus, aquela nobre prostituta..."

CW 14, §415

(b) Tudo que a anima toca torna-se numinoso – incondicional, perigoso, tabu, mágico.

CW 9, i, §59

(c) ... a anima é bipolar e pode, portanto, aparecer positiva num momento e negativa em outro; ora jovem, ora velha; ora mãe, ora virgem; ora uma fada boa, ora uma bruxa; ora uma santa, ora uma prostituta.

CW 9, i, §356

(d) ... a peregrinação de Michael Maier pelos sete Ostia Nili, que significam os sete planetas... descreve a ascensão a um mundo de heróis e de deuses, a iniciação em um mistério de Vênus... Nosso autor foi conduzido primeiramente pela anima-sibila a realizar a viagem pelas casas planetárias.

CW 14, §297s.

A estória da interação dessas imagens seria transformada pela Mãe em crescimento, pela Criança em futurismo, e pelo Herói em um épico evolucionário de conquistas. Porque nossa consciência é escrava dessas estruturas arquetípicas, somos incapazes de vislumbrar uma fenomenologia de fases exceto como desenvolvimento, como se a borboleta fosse um peregrino moral. Mas a escolha de uma imagem da natureza não implica a falácia naturalista com relação à sua interpretação. *Psyché* como borboleta não exige que encaremos a alma de uma óptica desenvolvimentista.

Apesar dessas distinções entre eros e psique e da caracterização da psique separada de eros, ainda permanecem, é claro, as damas do prazer com seus chamados sensuais em nossos sonhos. Elas parecem eróticas em si mesmas, dando assim base fenomenológica à noção da anima como eros.

Acredito que é importante ressaltar aqui que nem tudo o que é feminino é necessariamente anima e que nem tudo o que é anima é necessariamente venusiano. A fenomenologia de Vênus nos sonhos e fantasias torna-se enobrecida pela palavra "alma", o que por um lado sobrecarrega a faceta afrodisíaca da psique e, por outro, desvaloriza Vênus no que lhe é de direito. Uma prostituta num sonho é uma prostituta, que pode assumir um significado psicológico mais profundo (cf. a "prostituta sagrada" [*meretrix*] na alquimia[a] como uma imagem arquetípica em si sem precisar ser anima, minha alma amante, psicopompo para o *self*, isto é, a menos que ela seja *numinosa*[b] e traga todas as fascinantes perplexidades bipolares por meio das quais podemos reconhecer o arquétipo da anima[c] – velha e nova, frágil e forte, cultura e natureza, inocente e vil, íntimo e oculto. Somos injustos com a complexidade da anima ao chamar qualquer mulher que passeie em nossos sonhos de uma "imagem de anima"; e negligenciamos Afrodite como uma estrutura autêntica de consciência ao psicologizá-la numa "figura de anima".

Encarar o reino arquetípico de Afrodite e seus padrões de comportamento seriamente implica tomá-los *como tal*, sem misturá-los, nem inflá-los, como o significado de alma. As sedutoras figuras venusianas lançam-me no reino de Vênus como Ulisses a Calipso e a Circe, ou como as viagens de Michael Maier nas casas planetárias.[d] Mas nem na *Odisseia*, nem na alquimia de Maier, Vênus substitui a alma, Ulisses tem como guia Atena, e o psicopompo de Maier é uma sibila – alma, não como eros, mas como compreensão psicológica. Evidentemente, há mais na alma do que apenas Vênus, e há mais em Vênus do que apenas alma.

(a) Claro que não inventei o termo Eros. Aprendi com Platão. Mas nunca teria utilizado o termo se não tivesse observado fatos que me sugeriram como usar essa noção platônica. Em Platão, Eros ainda é um *daimonion* ou um *daemonium*...

Carta a Ermine Huntress Lantero, 18 de junho de 1947

(b) A antiguidade já conhecia a escala erótica das quatro mulheres... uma sequência que se repete de maneira alusiva no Fausto de Goethe, ou seja, na figura de Gretchen enquanto personificação de uma relação puramente instintiva (Eva); de Helena, enquanto figura da anima; de Maria, enquanto personificação de uma relação "celestial"...; e do "eterno feminino" (Sofia), enquanto expressão da *Sapientia* alquímica.

CW 16, §361

Por um lado, atribuir alma a cada franguinha, pata ou gansa desengonçada que adentra a fantasia carrega essas imagens e as relações humanas nas quais elas aparecem de um significado desproporcional. Quando os analistas põem valores anímicos em questões simplesmente venusianas, viram parceiros dela, mesmo quando sobrecarregam simples prazeres da vida com "desenvolvimento da anima".

Por outro lado, Vênus é uma das paradas obrigatórias, e ela reclama seus direitos. O homem moderno tem uma dívida acumulada com Afrodite sobre a qual ela está hoje em dia acertando contas a juros altíssimos. É como se ela estivesse de fato reclamando nossas almas por todos os séculos em que estas lhe foram negadas pela repressão judaico-cristã. A melhor forma de acertarmos essas contas é pagá-las na verdadeira moeda de Afrodite. Pagá-las sob o disfarce de indulgências da alma trapaceia o custo real. É mais confortável visitá-la em sua casa planetária em nome do desenvolvimento anímico do que sofrer os demônios venéreos, as tramas, as perversões, as vinganças, as fúrias e os prazeres soporíficos só para reverenciá-la.

A confusão analítica contemporânea de alma com eros tem sua origem, acredito, na perspectiva arquetípica de Afrodite. Ela insiste em que enxerguemos os fenômenos através dos olhos de Eros, seu filho. Mantendo essa perspectiva, ela estaria perpetuamente obrigando esse filho a servir a uma visão venérea e venusiana da alma e da feminilidade. Ela, acima de tudo, tem interesse em manter Eros no lado feminino da *coniunctio*. Se Eros é mantido a seu lado, o erotismo dele será estimulado de um modo afrodisíaco, dando esse matiz ao eros hoje em nossa consciência, na qual ele está tão altamente sexualizado. O Eros socrático/platônico – de onde Jung afirma ter extraído a expressão[a] – é definitivamente masculino. Esse Eros tinha Hermes em sua genealogia, e, portanto, tem objetivos mais amplos do que o Eros de Afrodite que, para Sócrates, era apenas uma fase da atividade erótica.

Mas Afrodite ainda aguarda reconhecimento pela influência que exerce sobre a noção que a psicologia analítica tem da anima. O reino da anima muitas vezes não é nada mais do que o reino de Afrodite, relações eróticas, ou como elas aparecem no reino de Helena, que na Antiguidade foi imaginada como uma encarnação de Afrodite. Lá supostamente encontramos anima, e ali a desenvolvemos. (Helena-Afrodite dá um tom tão específico à nossa noção que, quando Jung escreve sobre os quatro estágios do erotismo,[b] é especialmente Helena que ele qualifica de "figura de anima".)

(a) Verde, a cor da vida, cai-lhe **[**à anima**]** muito bem...

CW 5, §678

A cor verde... é associada a Vênus.

CW 14, §393

(b) No tocante à psicologia desta gravura, observe-se em primeiro lugar que ela representa o encontro entre dois seres humanos, em que o amor tem um papel decisivo.

CW 16, §460

No que diz respeito ao erotismo explícito das gravuras... elas têm um significado simbólico, em vez de um significado pornográfico.

CW 16, §460

O paradigma desse exercício erótico é a transferência, a qual tanto em Freud quanto em Jung recebe primeiramente um aspecto de Afrodite. Assim foi desde o princípio na clínica de Charcot em Paris. Jung logo reconheceu a influência de Paris e de Viena sobre a formulação dos eventos psíquicos e, ao isolar a Escola de Zurique (uma cidade na qual Vênus está muito pouco à vontade), ele primeiramente focalizou o conceito de libido, dando-lhe um novo nome: energia psíquica. Com a deslibidinização que Jung imprime à própria base da teoria psicanalítica, a premissa arquetípica do inconsciente transfere-se de Afrodite para Hermes-Mercúrio, e os fluxos da alma são removidos do erotismo sexual e do concretismo pessoal de Afrodite.

Mas apesar disso ela ainda influencia nossas noções. Acolhemos sua cor verde em sonhos e fantasias,[a] indicando quanto Vênus coloriu nossa visão dos eventos psíquicos. Eles são enxergados através das lentes verdes do seu mundo, do seu crescimento, natureza, vida e amor, de forma que individuação parece significar um aumento da beleza e harmonia da alma. Não há dúvida de que as linhas psicoterapêuticas contemporâneas – encontro, sensibilidade, *gestalt*, Reich – levaram finalmente a demonstrações abertas de Afrodite; não verbal, nudez, toque e sensação, consciência do corpo, orgasmo.

Podemos saber bastante a respeito das manifestações de Afrodite em mitos e em nossa vida pessoal. Mas sabemos quase nada sobre o modo como ela governa as premissas e as conclusões do nosso pensamento. Ingenuamente acreditamos que estes se baseiam em fatos empíricos. Mas a própria ideia do concreto e dos fatos sensoriais serve ao seu estilo de consciência. Os "fatos" eróticos nos quais construímos nossas ideias são criações dela. A evidência psicológica nunca é apenas dados objetivos espalhados pelo chão, como pedras da Lua esperando para serem catadas. A evidência empírica de qualquer premissa psicológica é parte da mesma perspectiva arquetípica: encontramos aquilo que estamos procurando; enxergamos aquilo que é permitido pelas defesas perceptuais na estrutura arquetípica de nossa consciência. Assim, enxergamos a alma plena de desejos sexuais quando nossas premissas e observações são afrodíticas. O tom afrodítico da anima no ensaio de Jung sobre transferência é um excelente exemplo,[b] Afrodite pode ter dado a perspectiva correta para a transferência e pode ter sido a porta de entrada ao reprimido (em

(a) A mulher desconhecida ou anima **[**em sonhos**]** sempre representa a função "inferior", isto é, indiferenciada, que no caso de nosso sonhador é sentimento.

CW 12, §150

... intelecto e sentimento, por definição, se repelem. Quem se identificar com um ponto de vista intelectual, poderá eventualmente confrontar-se com o sentimento sob a forma da anima, numa situação de hostilidade...

CW 9, §58

Os sentimentos de um homem são, por assim dizer, os de uma mulher e, como tal, aparecem em sonhos. Designei essa figura com o termo *anima*...

CW 18, §187

Essa inflação espiritual é compensada por uma inferioridade de sentimento específica, uma real *subnutrição* do seu outro lado, o lado da terra feminina (Yin), o do sentimento pessoal.

Carta ao conde Hermann Keyserling, 25 de agosto de 1928

nossa cultura entre 1870 e 1960), mas não é a única e nem sequer a principal perspectiva da anima. Atenas, Ártemis, Hera e Perséfone produzem ideias de alma que mostram outros aspectos. Situar eventos anímicos no altar de Afrodite coloca Psiquê novamente a serviço dela, de volta ao começo do conto de Apuleio, cujo enredo e principal ideia mostra um movimento tanto de Eros quanto de Psiquê distanciando-se de Afrodite.

Se anima é definida como o fator erótico, então tendemos sempre a supor que a excitação sexual é uma mensagem da alma e não pode ser negada – quem poderia negar o chamado de sua alma? E somos levados a supor que relacionamentos humanos ativos e entusiasmos exaltados são inspirados pela anima, embora na verdade eles sejam menos propiciados pela umidade reflexiva da alma do que por eras cativando a alma. Pois temos de reconhecer que, embora anima não seja eros, seu primeiro movimento é em direção ao amor. Então ela seduz para ser excitada, incendiada, iluminada. Então ela avança para transformar a pura reflexão em conexão. Então ela convoca um enorme leque de imagens voluptuosas atraindo eros para si, para aquilo que Platão chamou de "geração" ou cultivo da alma. Entretanto, apesar do amor ser essencial à alma, como insiste a teologia e confirma a psicoterapia, e apesar de ser através da alma que recebemos o amor, alma não é o amor.

Ao dividi-los nos contrastes de umidade e fogo, de serpente e lebre, de aves aquáticas e pombos, de reflexão e desejo, de fantasia e impulso, de natureza e espírito, de mente e atividade, de profundezas e ascensão, estou seguindo o *dictum* alquimista de que somente aquilo que foi propriamente separado pode ser adequadamente unido.

3. Anima e Sentimento[18]

Além de eros, também o sentimento tem sido geralmente atribuído à anima, como se ela fosse o arquétipo dessa função. Essa confusão tem diversas origens. A primeira e mais simples baseia-se na ideia de inferioridade. Quando a função-sentimento no homem é inferior (como afirma usualmente a psicologia analítica) ela se mistura com a inferioridade anímica contrassexual do homem.[a] Então, acreditamos estar discriminando

(a) O aspecto mais surpreendente do tipo-anima é que o elemento maternal está completamente ausente. Em seu aspecto favorável, ela é a amiga e companheira, e é a cortesã em seu aspecto desfavorável... Mas o tipo-anima é apresentado em sua forma mais sucinta e significativa na lenda gnóstica de Simon Magus... **[**que**]** em suas viagens estava sempre acompanhado de uma garota, cujo nome era Helena. Ele a havia encontrado em um bordel em Tiro; ela era a reencarnação de Helena de Troia.

CW 10, §75

... Helena como uma figura de anima...

CW 16, §361

Então surge a primeira transformação: ele **[**Goethe**]** descobre seu tipo correspondente ("sentimento *é* tudo") e ao mesmo tempo percebe a projeção da anima... Por trás de Gretchen está a sequência gnóstica: Helena-Maria-Sofia.

Carta a destinatário desconhecido, 22 de março de 1939

(b) Foi principalmente entre as mulheres que encontrei uma predominância de sentimento introvertido.

CW 6, §640

O sentimento é uma virtude especificamente feminina...

CW 10, §79

a anima *ao* discriminar sentimento, enquanto a tarefa parece ser mais a de discriminar anima *de* sentimento, da relação humana e das valorações pessoais que o sentimento passou a significar e que confinam a anima no mundo de sentimento pessoal de Helena.[a]

Outra fonte da confusão entre anima e sentimento encontra-se numa ideia, que ocorre apenas ocasionalmente em Jung,[b] mas que é amplamente difundida depois por outros psicólogos analíticos, de que sentimento é uma prerrogativa feminina. (As mulheres estão mais à vontade no mundo do sentimento; os homens aprendem sobre o sentimento com as mulheres; o desenvolvimento do feminino acontece através da função-sentimento.) Já que anima é feminina por definição, o sentimento refere-se à anima. O próximo passo desse raciocínio espúrio erigido sobre premissas questionáveis é a equação: desenvolvimento de anima = desenvolvimento de sentimento. Por trás dessa equação esconde-se a ideia de eros, que é supostamente a força que há dentro da anima e da função-sentimento.

Assim como a anima não é eros ou seu representativo psíquico, também a relação entre o Deus-*daimon* Eros e eros como um princípio arquetípico por um lado, e sentimento como uma função psicológica por outro, nunca foi estabelecida – nem empírica, nem lógica, nem fenomenologicamente. A função-sentimento funciona principalmente através do campo dos sentimentos no qual a psicologia identifica pelo menos quinhentos tipos diferentes. Apenas alguns desses sentimentos têm a ver com eros. Atribuir a eros tanto anima quanto sentimento é colocar eventos demais num único altar, atribuindo todos ao amor. Isso,

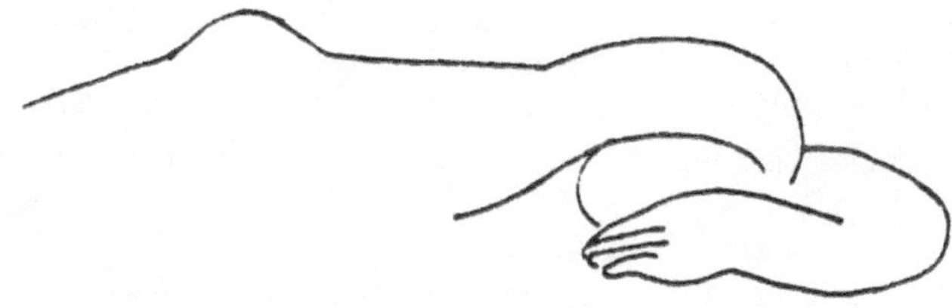

(a) A "nixie" [gênio das águas] é um ser mágico feminino a quem chamo de *anima*. Ela também pode ser uma ninfa, *melusina* (sereia), ninfa da floresta, Graça, ou a filha de Erlking, ou uma lâmia, súcubo, que ensandece os rapazes e lhes tira a vida...

... Uma "nixie" tentadora... é hoje chamada de uma "fantasia erótica", e pode complicar nossa vida psíquica de maneira muito dolorosa. Ela nos persegue assim como uma "nixie"; senta-se sobre nós como um súcubo; e se transforma, assumindo diversas formas como uma bruxa... **[e]** causa estados de fascínio que desafia as melhores feitiçarias... Ela é um ser nocivo que cruza nosso caminho em inúmeras transformações e disfarces, aplicando-nos diversos golpes, causando ilusões felizes e infelizes, depressões, êxtases, explosões de afeto etc. ... a "nixie" não abandona sua patifaria. A bruxa não cessou de misturar suas vis poções de amor e morte; seu veneno mágico aprimorou-se em intriga e autodesilusão, que não se vê, e que por isso mesmo é perigoso.

CW 9, i, §§53-54

(b) ... a anima transforma-se, por integração, no Eros da consciência,... a anima imprime uma relação e uma polaridade na consciência do homem...

CW 9, ii, §33

No caso do indivíduo, o problema constelado pela sombra é lidado no plano da anima, ou seja, através de relacionamento.

CW 9, i, §487

... no grau em que a sombra é reconhecida e integrada, o problema da anima, isto é, dos relacionamentos, é constelado.

CW 9, i, §485, n18

"Ela" **[**a anima**]** consiste essencialmente num certo tipo inferior de relação com o ambiente imediato e particularmente com as mulheres...

CW 18, §429

... a anima de um homem consiste numa capacidade inferior de relacionar-se, cheia de afetos...

CW 13, §60

além de ser tendenciosamente cristão – no sentido de limitar-se apenas a uma única perspectiva do amor –, também faz com que autênticos aspectos de anima sejam julgados somente do ponto de vista do amor. Ódio, rancor, desconfiança, ciúme, rejeição, inimizade, decepção, traição, crueldade, misantropia e o ridículo participam das experiências de anima. Essas emoções são próprias das tantas bruxas de sangue frio que encontramos em lendas e na poesia[a] – e em nossos sonhos e em nossas vidas –, até mesmo onde essas tais emoções "negativas" se distanciam de eros e da função-sentimento, que estariam de acordo com a beleza medíocre do humanismo cristão.

Ainda uma outra fonte está na ideia do relacionamento. Jung (como veremos no Capítulo 7) muitas vezes chama a anima de função de relação. Algumas vezes ele também considera a anima como o fator que pode dar "relação e relacionamento à consciência de um homem".[b]

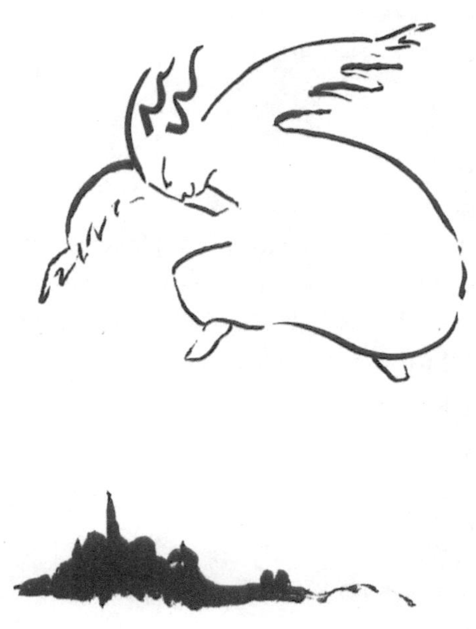

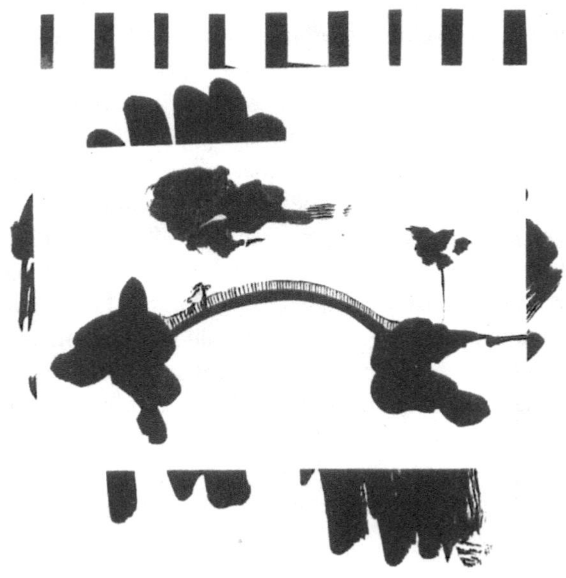

(a) Não raro o paciente se contenta com a mera observação de um sonho ou fantasia... Outros ainda têm pressa de compreender intelectualmente... Acham estranho e até absurdo que também devam ter uma *relação de sentimento* para com seus conteúdos inconscientes...

CW 16, §489

Embora o próprio Jung raramente descreva sentimento como a capacidade de se relacionar,[a] mas em vez disso sentimento como valoração, a psicologia analítica agora tende a enfatizar o aspecto relacional. O sentimento é genericamente descrito como um instrumento de ligação entre pessoas, e entre um indivíduo e seus mundos interno e externo. Ter "pouco sentimento" e ser "de difícil relacionamento" tornaram-se sinônimos. Porque anima e sentimento são chamados de função de relação eles se misturam um no outro.

Bem, os dois significados de relação, o da anima e o do sentimento, tocam-se apenas em alguns pontos. Ainda assim, hoje em dia em algumas linhas de psicologia analítica eles tendem a se fundir completamente, de maneira que anima = relacionamento = sentimento tornou-se uma fórmula única, ou mais que isso, uma panaceia. Antes de engolir um pouco mais desse doce elixir, ou prescrevê-lo a nossos pacientes, vamos dar uma olhada em seus ingredientes.

Anima como relacionamento significa aquela configuração que intermedeia o pessoal e o coletivo, a realidade e o que está para além dela, o horizonte consciente individual e o reino primordial do imaginário, suas imagens, ideias, figuras, emoções. Aqui a anima funciona como mediatriz e psicopompo (vide Capítulo 7). A qualidade da relação será determinada por essa função. Portanto, relacionamentos governados pela anima revelam paradoxos inconstantes de desejo e oscilação, de envolvimento e leviandade, de fé e dúvida e de um intenso sentido de significado pessoal devido à importância da alma imaginal como um todo. Outra característica importante aqui, além dos paradoxos emocionais e dessa intensa importância, é a misteriosa autonomia – a inconsciência básica – dos relacionamentos anímicos, porque tais relacionamentos refletem a anima como uma ponte para tudo o que é desconhecido.

Anima como função de relação está na verdade muito distante da capacidade de relacionar-se. Parece estranho que a anima possa ter alguma vez sido considerada como um auxílio nos relacionamentos humanos. Em cada uma de suas formas clássicas ela é uma criatura não humana ou meio humana, e seus efeitos nos levam para longe das situações individualmente humanas. Ela provoca humores, distorções, ilusões, que servem às relações humanas somente quando as pessoas envolvidas partilham do mesmo humor ou fantasia. Se queremos "nos relacionar", então fora com a anima! Nada perturba mais o sentimento entre as

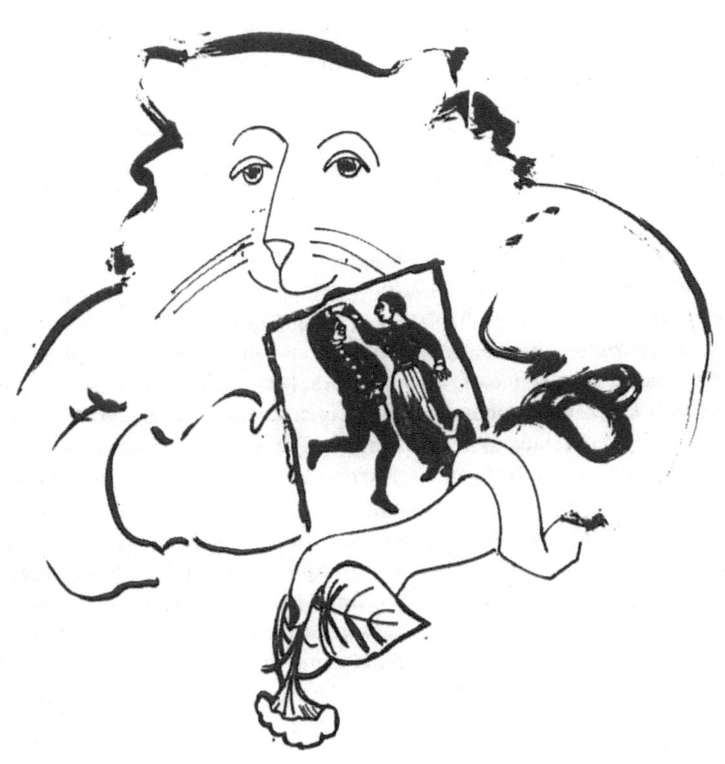

pessoas do que a anima. Mesmo quando suas formas supostamente mais elevadas (Diotima, Afrodite-Urânia, Maria, Sofia) entram num relacionamento, uma atmosfera majestática oprime, e seu papel como psicopompo fica encoberto pela pomposidade psíquica.

Sentimento como relacionamento é uma outra confusão. Refere-se àquela função que traz o objeto e o sujeito para uma *relação* valorativa. Eu te julgo; ou um acontecimento é classificado por meio da minha escala de valores num padrão específico ("sentir") de forma que reconheço sua "importância relativa a outros eventos. Relacionamento aqui refere-se a um processo relativamente constante de avaliação e valoração que ocorre entre a consciência e seus conteúdos. Por meio desse processo, uma relação se estabelece entre a consciência e esses conteúdos, e entre os próprios conteúdos. (O pensamento, também uma função racional, da mesma forma oferece relação. Ele também discrimina, ordena, e faz conexões coerentes entre conteúdos e entre objeto e sujeito. Claro, ele pensa esses relacionamentos de acordo com os princípios do pensamento, em vez de senti-los como valores.)

A relação de Jorge e Maria depende das naturezas específicas de Jorge e Maria. Sua relação reflete seus processos vivos de sentimento, e para os dois ela é especial. Se essa relação fosse determinada pela anima, ela se tornaria uma reflexão, não deles, mas de uma fantasia arquetípica acontecendo através deles. Então eles se tornam atores coletivos representando uma fantasia inconsciente, ou seja, amantes, adversários, companheiros, mãe-filho, pai-filha, enfermeira-paciente etc. Até mesmo a função-sentimento é usurpada pela fantasia dominante. Assim a complexidade específica da relação entre Jorge e Maria ficou assoberbada por um drama arquetípico dirigido pela anima. Seu objetivo? Insistir que o humano respeite a relação maior e mais fatídica que ela tem com fatores impessoais, que são arquetipicamente anteriores até mesmo ao sentimento humano.

Um desses fatores impessoais é a cultura. Já vimos que a anima "cerca-se de um sentimento histórico específico" (CW 10, §85). Seu encaixe na história de uma cultura molda o sentimento humano conforme os valores étnicos e os costumes nacionais (o inconsciente "racial" de Jung – CW 7, §434). Dar as mãos e recitar poemas entre os jovens árabes são (ou foram) expressões de afeto tão corretas quanto lutar entre os irlandeses ou resguardar-se para os nórdicos. A cultura determina até mesmo a definição que Jung dá à função-sentimento (CW 6, §723), pois Jung refere-se principalmente aos escritores alemães do final do século XIX

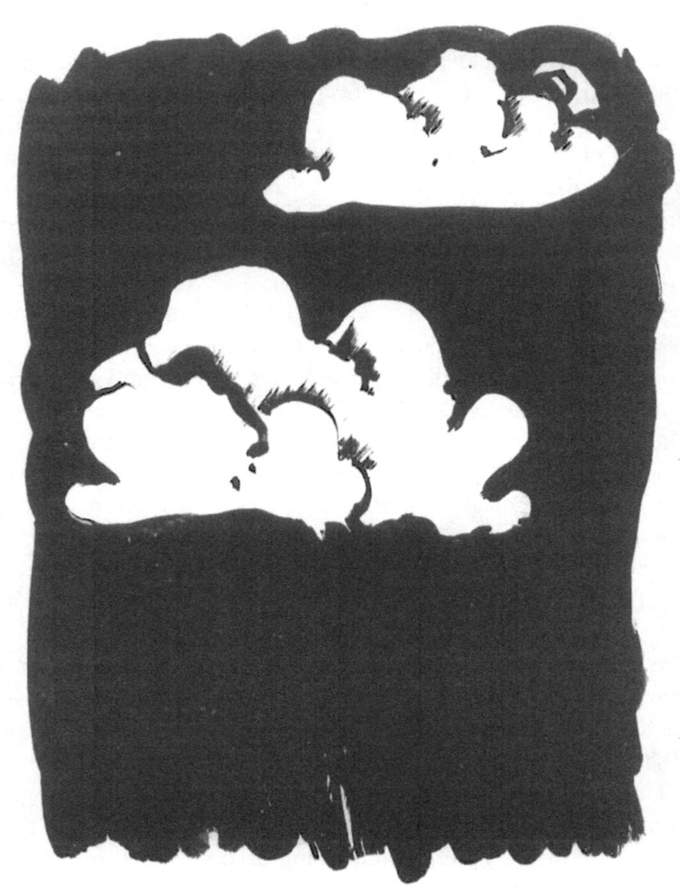

para construi-la. Além disso, os grandes nomes que ele analisa para construir toda a sua teoria tipológica são principalmente Goethe, Nietzsche, Schiller, Spitteler, Lipps, Worringer, Gross etc. "Gefühl ist alles",* disse Goethe referindo-se ao encontro de Fausto com Gretchen, e talvez esta fosse uma anima germânica falando através dele e depois para Jung e agora para nós, confundindo as distinções entre sentimento e anima.

Se a psicologia de Jung reflete uma anima germânica, esta é especificamente germânica romântica. Ellenberger enumera algumas das principais características do Romantismo que estão relacionadas com a moderna psicologia profunda.[19] Todas aparecem repetidas vezes na noção junguiana de anima, e também são básicas para sua psicologia. Primeiro, "profundo sentimento pela natureza" e "especulações sobre a filosofia da natureza". (Emma Jung intitula seu trabalho sobre anima de *Naturwesen.*) Segundo, penetrar o *Grund*** que se encontra na alma emocional (e não na razão), melhor manifestado em símbolos universais, na parapsicologia, em sonhos e na loucura. Terceiro, "o sentimento pelo 'vir a ser'... (que Jung mais tarde chamaria individuação)" e "uma forte ênfase na noção de indivíduo" cuja perfectibilidade é auxiliada pelas paixões do amor. Quarto, um enfático sentimento pelas outras culturas e suas diferenças, possível através do estudo dos mitos, das lendas folclóricas etc. Quinto, "um sentimento novo pela história", especialmente pela Idade Média (o período da alquimia e da teologia cristã). De acordo com Ellenberger,[20] até mesmo o termo *anima* foi em parte influenciado pelo historiador e mitologista romântico Bachofen da Basileia.[21]

Com esse enfoque na história cultural não pretendo reduzir anima, nem Jung, ao Romantismo. Quero apenas ressaltar a influência dessa anima específica chamada romântica sobre todo o trabalho de Jung. Pois esse trabalho está menos preocupado com sociedade e família, com ciência e tecnologia, com cidade e política, com razão e inteligência, com os clássicos e as artes que uma anima menos romântica poderia muito bem ter inspirado.

Se anima é um fator cultural que dá forma à expressão pessoal, trabalhar com a anima implica retrabalhar a função-sentimento em suas raízes. Isso ajuda a compreender por que as mudanças no sentimento são tão lentas: simplesmente "relacionar-se" num estilo diferente requer mudanças

---

* "O sentimento é tudo." (N.T.)

** Motivo, propósito, em alemão. (N.T.)

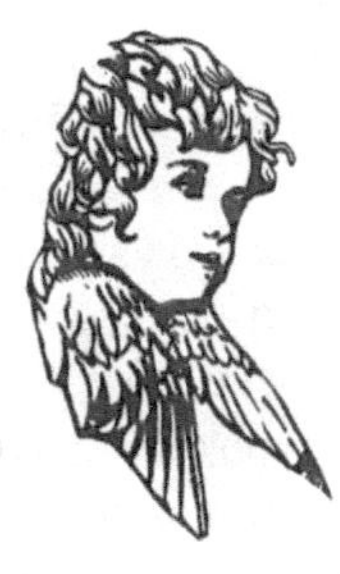

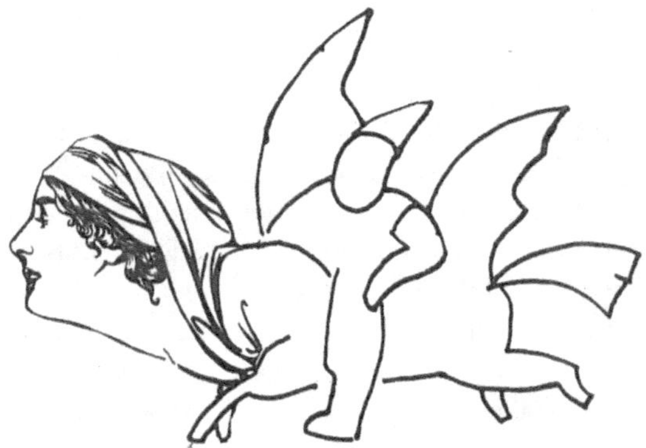

nos modos e valores de nossos ancestrais, de nossos hábitos e preferências culturais. Estamos trabalhando nas raízes, nas *racines*,* na raça. Esses resíduos imutáveis após qualquer conversão (protestante para católico e vice-versa), as confusões de adaptações em casamentos inter-raciais, o choque cultural depois de emigrar do sul para o norte (e vice-versa) – essas obstinações do sentimento referem-se mais profundamente a questões da alma, à anima como uma ancestral conservadora que enraíza os sentimentos humanos em seu solo histórico. E, na morte, quando o sentimento humano parte e nos reunimos aos nossos ancestrais, a anima como a alma *p'o* (vide Capítulo 4) é reabsorvida pela terra cultural de uma dada geografia racial, talvez apenas ligeiramente afetada por algum desenvolvimento audacioso do sentimento atingido pela personalidade individual.

Ainda assim, quando olhamos os desenhos de Jung no *Livro Vermelho* e a primeira incursão da anima em suas imaginações ativas descritas em suas memórias, não era Gretchen nem nenhuma *Magd* alpina ou do Reno que apareceu a ele, mas a cega Salomé, uma companheira patologizada de um sábio gnóstico (vide Capítulo 9).

Isto é: parece haver um outro fator impessoal na anima que é individual, endógeno e independente do inconsciente racial. Ela e seus companheiros levaram Jung a um destino individual e talvez também a um estilo de sentimento. Com isso me refiro à extensão da sua *Einfühlung*** através das culturas, à sua habilidade em distanciar-se relacionando-se impessoalmente por meio de símbolos antigos, à sua fascinação e à sua compreensão da patologia, e, acompanhando sua sabedoria, à cegueira da qual ele foi acusado em relações cruciais, em avaliações e julgamentos (Helena, Sabina, Freud, Nacional-Socialismo e sua escolha de pupilos).

A apreciação dos sentimentos de Jung e sua contribuição à psicologia do sentimento como uma função deve começar com anima como um dominante ancestralmente étnico, por um lado, e, por outro, como uma constelação individualmente predestinada. Contudo, nenhum desses aspectos é humano. É precisamente essa qualidade inumana o seu legado ao sentimento.

A mistura de anima e sentimento facilita o caminho suave na psicoterapia analítica, que considera a cura das almas como sendo um tipo específico de cultivo de anima, ou seja, desenvolvimento do sentimento. Mas

*** Raízes, em francês. (N.T.)

* Intuição, em alemão. (N.T.)

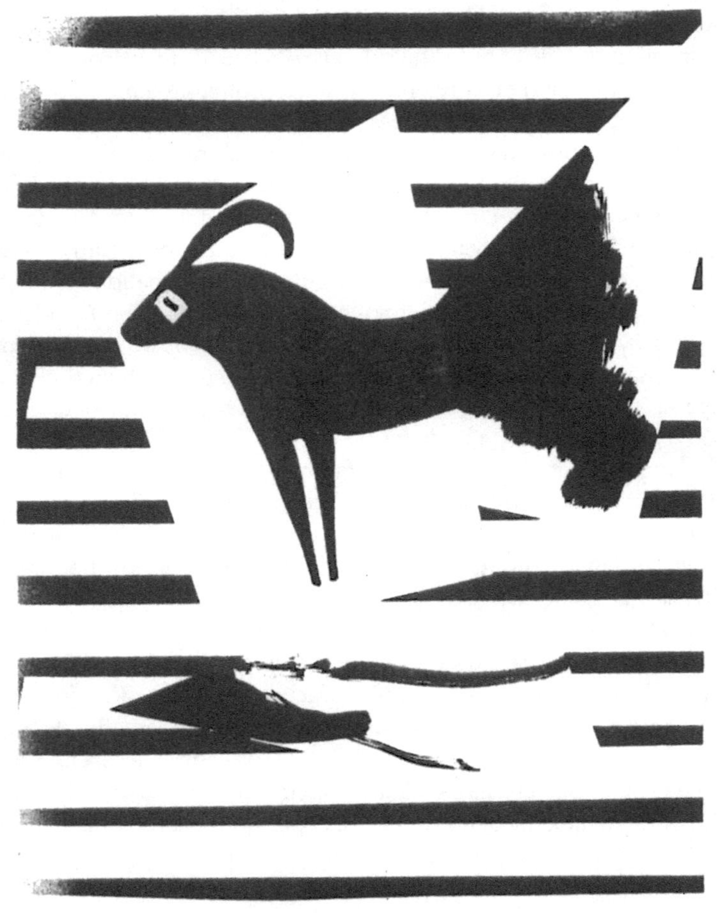

cultivo de anima, ou cultivo de alma, para usar a ideia mais ampla, é antes de tudo um processo complexo de fantasiar e compreender do qual a sofisticação do sentimento é apenas uma parte. Além disso, o sentimento que é desenvolvido por meio do cultivo da alma é talvez mais impessoal, uma sensibilidade detalhada para o valor específico dos conteúdos e atitudes psíquicos. Esse desenvolvimento *não* procede do impessoal para o pessoal, o relacionado, o humano. Ao contrário, o movimento vai do âmbito mais estreito do meu mundo humano empírico e suas preocupações pessoais em direção aos acontecimentos arquetípicos que colocam meu mundo pessoal e empírico numa moldura mais significativa. Essa moldura é dada não pelo sentimento ou pelo relacionar-se, mas pela anima cuja fantasia mitologizante e cuja função reflexiva lembra vida, destino e morte. Ela não nos encaminha em direção ao sentimento humano, mas para longe dele. Como a função que relaciona consciente e inconsciente, ela obstrui o sentimento consciente, tornando-o inconsciente e tornando o humano inumano. Ela traz outras coisas à mente, além do mundo humano. Se Dante e Petrarca fossem hoje ao analista, será que ele não lhes diria que Beatriz e Laura são projeções da anima imatura, irreal, regressiva, revelando inferioridade de sentimento e a incapacidade de se relacionar com a mulher e o "feminino"?

Eu, por exemplo, ainda preciso de demonstrações convincentes de que em sonhos uma lagartixa aspire a desenvolver-se em algo de sangue quente e uma hiena em algo mais agradável, ou que uma menininha busque desenvolver-se e amadurecer seus sentimentos, e que uma misteriosa bruxa, uma mendiga ou uma selvagem deva ser promovida no mundo humano por meio do sentimento e das relações pessoais.

Nessas instâncias, irônica, talvez até tragicamente, as verdadeiras imagens (de anima?) de lagartixa, de menininha ou de mendiga relaxada não são sentimentos dados e nem são avaliados com sentimento pelo que são. Em vez disso, em nome do desenvolvimento do sentimento/anima, a imagem real é despotencializada. Todo o sentimento vai para o desenvolvimento, para a transformação progressiva das imagens em algo mais humano. Como se o mito cristão da encarnação estivesse sendo continuamente aplicado às imagens de anima, que todas as imagens devem seguir o modelo do inumano tornando-se humano (encarnação), e que todos os fatores psíquicos devem participar das relações humanas. Ridículo, é claro. Colocar o desenvolvimento de anima na mesma trilha do desenvolvimento do sentimento, da maneira humanista com que sentimento é

(a) Pensamos que podemos nos congratular por já termos alcançado um tal ápice de clareza, ao imaginar que deixamos todos aqueles deuses fantasmagóricos para trás. Mas aquilo que deixamos para trás são somente espectros verbais, não os fatos psíquicos que foram responsáveis pelo nascimento dos deuses. Ainda estamos tão possuídos por conteúdos psíquicos autônomos como se eles fossem Olímpicos. Hoje eles são chamados de fobias, obsessões e coisas assim; numa palavra, sintomas neuróticos. Os deuses tornaram-se doenças...

CW 13, §54

hoje compreendido, significa o assassinato dos animais, dos *daimones* e dos Deuses. Significa tornar o *numinosum* sagrado de uma imagem arquetípica em algo seguro, sadio e secular. A psicoterapia analítica, tão pronta a humanizar as imagens e a desenvolver as realidades arquetípicas em relacionamentos, não só está enredada no darwinismo mas também no tipo mais banal de secularismo, no qual o homem é a medida e os Deuses, aberrações. Mas os Deuses não tiveram sempre um aspecto distorcido e aberrante? Não apareceram sempre em formas estranhas com aspectos animais, grotescos, bizarros, pavorosos? Quem disse que eles devam ter sangue quente, ou mais, quem disse que eles devam ter sangue humano?

A criança do sonho e a anima criança (uma menina-anima da infância, cuja lembrança apenas já basta para nos fazer suspirar) não significam necessariamente sentimentos subdesenvolvidos. Também podem ser a entrada para o mundo das fadas, ou podem despertar o *pothos* nostálgico, aquele anseio por intimidade com os "primeiros" tempos e o primeiro lar. A criança arquetípica a quem os mitólogos e Jung chamam de Divina imprime seu brilho em cada traço não desenvolvido. Por isso é tão difícil renunciar a esses traços em nome da maturidade. Esse brilho peculiar nos leva não apenas regressivamente para o infantil e inferior, mas também para o pueril e soberbo. Temos que ser muito cuidadosos com a maneira como tocamos o "imaturo". Um desenvolvimento como uma norma adaptativa ao mundo real pode ser psiquicamente uma violência contra a criança, resultando numa imaginação que não tem acesso ao seu mundo Real.

Ler as imagens inumanas da psique como sinais para o desenvolvimento do sentimento nos leva diretamente para a "falácia humanista", a crença de que a psique é uma função do ser humano e existe para servir à vida humana, às suas imagens humanizadas. Vejo a conexão entre o homem e a alma de maneira inversa, como na principal tradição platônica, onde o homem é uma função da psique e seu trabalho é servi-la. O terapeuta da psique, que ao pé da letra significa "criado da alma", traduz os eventos humanos na linguagem da psique em vez de traduzir a psique na linguagem do humanismo.

À frente do humanismo secular da terapia esvoaça a bandeira do sentimento. Nos lugares de onde a Igreja, e depois a psicanálise, não conseguiram expulsar os demônios, os "relacionamentos pessoais num contexto humano" vão finalmente realizar a tarefa. A anima tornar-se-á socialmente apresentável, adaptada. Mas se, como diz Jung, "os Deuses tornaram-se doenças",[a] curar a alma de suas imagens não relacionadas,

(a) A *anima* é o arquétipo do feminino que desempenha um papel muito importante no inconsciente de um homem.

CW 5, §406, n. 142

... a figura feminina da anima... requer avaliação e posição diferentes... [Uma] interpretação pessoal vai sempre reduzi-la à mãe pessoal ou a alguma outra mulher. O significado real da figura fica perdido no processo... [Ela] é mais ou menos imortal, porque fora do tempo.

... [Os] arquétipos são projetados inconscientemente sobre personalidades que mais ou menos se adaptam.

CW 9, i, §§356-57

Quando projetada, a anima sempre tem uma forma feminina com características definidas. Esse achado empírico não significa que o arquétipo seja assim *em si*.

CW 9, i, §142

... é até uma regra que a consciência masculina projete todas as percepções que se originam do inconsciente de personificação feminina sobre uma figura de anima, isto é, sobre uma verdadeira mulher...

CW 10, §714

(b) Historicamente, encontramos a anima acima de tudo nas sizígias divinas, os pares masculino-feminino de divindades. Isso alcança... a clássica filosofia chinesa, em que o par cosmogênico de conceitos são designados *yang* (masculino) e *yin* (feminino).

CW 9, i, §120

No simbolismo oriental, o quadrado ... tem o caráter do *yoni*: feminilidade. Da mesma forma, o inconsciente de um homem é feminino e é personificado pela anima.

CW 12, §192

... a noiva celestial... é uma típica projeção anímica... Spitteler também vincula a "Senhora Alma" a um tigre. (Na China, o tigre é um símbolo do *yin*.)

CW 13, §460 (e n. 14)

não humanas também pode curá-la de seus Deuses. A confusão de anima com sentimento e a tentativa de humanizar através do sentimento não é, de forma alguma, psicoterapia. Ao contrário, é parte da doença de alma do secularisrno contemporâneo, ou psicopatologia. Ainda precisamos descobrir que personalidade arquetípica captou a consciência com o apelo sentimental do humanismo e do sentimento. Pelo menos sabemos que não é Eros, pois ele prefere o escuro e o silêncio a "relacionar-se", a "comunicar-se" e a "compartilhar". Mesmo assim, algum poder arquetípico realmente influencia a terapia ao interpretar o movimento psíquico de nossas imagens e suas formas animalescas e daimônicas como relações sociais e ligações pessoais, e ao despertar tanta culpa sobre a "incapacidade de se relacionar". Eu suspeito de Hera, especialmente na sua forma de Hebe "recém-casada".

4. Anima e o Feminino

Agora chegamos a duas definições que questionam a anima como a imagem da experiência e da estrutura genética contrassexual do homem. Jung chama a anima de "arquétipo do feminino"[a] e "arquétipo da vida". Mais tarde ele fará analogias entre anima e *yin*[b] e a alma *p'o*

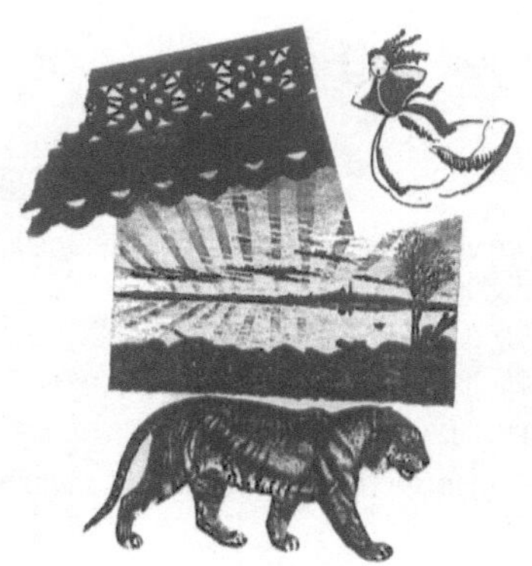

(a) O homem espiritual foi seduzido a assumir o corpo, e foi levado a isto por "Pandora, a quem os hebreus chamam Eva". Ela representou, portanto, o papel de anima... assim como Shakti ou Maya misturam a consciência de um homem com o mundo.

CW 13, §126

... a Shakti enganosa deve retornar ao reino aquático se o trabalho deve completar-se. Ela não deveria mais dançar diante do adepto com gestos sedutores, mas sim voltar a ser o que era no princípio: uma parte de sua totalidade. (A anima é, portanto, forçada a penetrar o mundo interior...)

CW 13, §223 (e n. 15)

Ele aprenderá a conhecer sua alma, ou seja, sua anima e Shakti que o expõe a um mundo de ilusão.

CW 14, §673

Mas que fator projetante é este? O Oriente dá-lhe o nome de "Tecedeira" – ou Maya, isto é, a dançarina geradora de ilusões. (Defini a anima como uma personificação do inconsciente.)

CW 9, ii, §20 (e n. 1)

... ela é a grande sedutora, geradora de ilusões, que o atrai à vida com o seu Maya...

... sugeri... o termo "anima".

CW 9, ii, §24-25

(b) Como psicopompo, ela **[**Sofia**]** conduz o caminho a Deus e assegura a imortalidade.

CW 11, §613

De um ponto de vista teológico, meu conceito de anima... é puro gnosticismo.

CW 11, §460

O estado emocional de Sofia está imerso na inconsciência..., seu amorfismo e o risco de ela se perder na escuridão, caracteriza claramente a anima de um homem que se identifica totalmente com sua razão e espiritualidade.

CW 13, §454

chinesa; entre anima e as ideias indianas de Maya e Shakti;[a] e relaciona anima com a Sofia gnóstica (sabedoria) (veja o índice de CW 11 e de CW 14, mas especialmente CW 11, §613, onde a descrição de Sofia como psicopompo traz ricas "características de anima", e CW 11, §460, onde anima é chamada de "puro gnosticismo").[b]

Nesse ponto, dificilmente podemos atribuir anima apenas ao sexo masculino. O "feminino" e a "vida", assim como as analogias chinesas, indianas e gnósticas com relação à anima são relevantes igualmente para homens e mulheres. Estamos aqui num estágio arquetípico de anima, a "imagem arquetípica feminina" (CW 9, ii, §41, n. 5), e um arquétipo como tal não pode ser atribuído a ou localizado dentro da psique de nenhum dos sexos. Podemos levar esse argumento ainda mais adiante, pois não podemos ter a certeza de que os arquétipos são apenas psíquicos, pertencendo somente à esfera da psique, a menos que ampliemos a psique primeiro para além das diferenças sexuais, depois para além da pessoa humana e da psicodinâmica (compensação), e também para além da psicologia. Jung já fez essa ampliação em sua noção do arquétipo

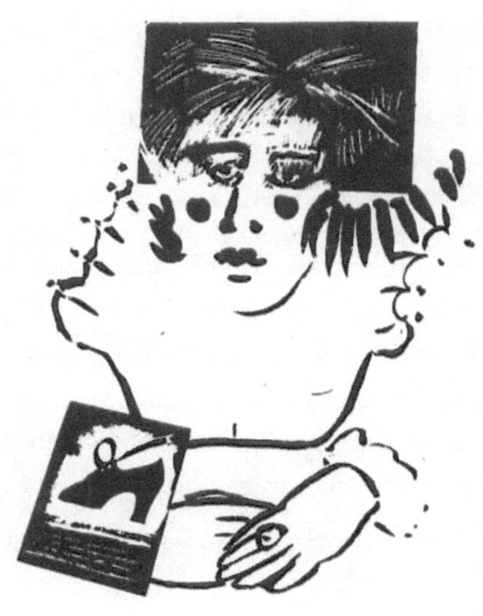

(a) ... não encontramos os arquétipos exclusivamente na esfera psíquica.

CW 8, §964

Embora não haja uma forma de existência que não nos tenha sido transmitida por via psíquica, não podemos dizer que tudo seja exclusivamente psíquico. Devemos aplicar esse argumento, logicamente, também aos arquétipos.

CW 8, §420

(b) Existem certos tipos de mulheres que parecem feitas para receber as projeções da anima. Quase se poderia falar de um tipo determinado. O tal caráter de esfinge é indispensável, e também uma ambiguidade, uma ilusão intrigante... uma indefinição cheia de promessas, como o silêncio eloquente de uma Mona Lisa.

CW 17, §339

Tenho atendido a Sra. X e te asseguro: é uma mulher e tanto! ... Se é que existe uma anima, é ela...

Carta ao padre Victor White, 21 de setembro de 1951

(c) A "virgem" corresponde à anima do homem... Mas, uma vez que a mulher se contenta em ser uma *femme à homme*, ela perde sua individualidade feminina. Ela é vazia e apenas brilha – um recipiente acolhedor das projeções masculinas.

CW 9, i, §355

Se um complexo materno numa mulher não produz um superdesenvolvimento de Eros, ele conduz a uma identificação com a mãe e à paralisação da iniciativa feminina da filha... Essas virgens pálidas... são tão vazias que um homem pode imputar-lhes qualquer coisa que imaginar. Além disso, elas são tão inconscientes que o inconsciente lança antenas invisíveis para fora, verdadeiros tentáculos, que sugam todas as projeções masculinas, e isso agrada imensamente aos homens.

CW 9, i, §169

como psicoide, afirmando que "os arquétipos, portanto, têm uma natureza que *certamente não pode ser designada como psíquica*" (CW 8, §439).[a] Assim, uma noção adequada de anima requer olhar para além dos homens e para além do homem, e até mesmo para além da psique. Mas uma metafísica ou uma metapsíquica da anima não é a direção que queremos tomar aqui. Ao contrário, queremos fazer com que se compreenda que a anima, como arquétipo, é por demais ampla para ser contida na noção de contrassexualidade (Capítulo 1). Livre dessa limitante definição, anima incide também na psique das mulheres.

De acordo com a primeira noção (contrassexualidade), não há anima nas mulheres. "Sendo do gênero feminino, a anima é exclusivamente uma figura compensatória para a consciência masculina" (CW 7, §328). "[A] mesma figura não é encontrada no imaginário do inconsciente de uma mulher" (CW 11, §48). Baseado no par de opostos, as mulheres possuem, em vez dela, o animus.

Mas o que dizer das "mulheres-anima", aquelas mulheres que representam a anima para os homens e que, em psicologia analítica, são chamadas "tipos anímicos";[b] Jung diz que mulheres assim podem representar melhor esse papel de anima por serem em si vazias.[c] Elas absorvem assim as projeções dos homens, espelhando-as e imitando-as, de forma que a mulher interior do homem é vivida externamente por esse tipo anímico.

Pois, à parte as idealizações românticas da anima, ela também pode ser espalhafatosa, banal, trivial, enfadonha e vulgar. E os homens podem

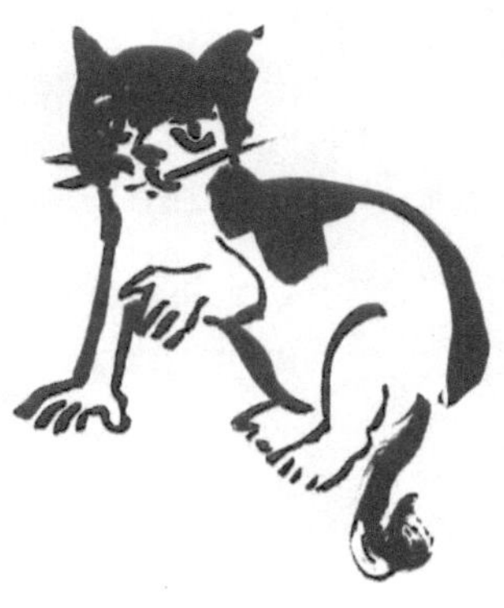

(a) A anima é, de fato, o arquétipo da própria vida...

CW 14, §646

... a anima, que expressa a *vida*...

CW 14, §313

... a anima é o *arquétipo da própria vida.*

CW 9, i, §66

(b) ... ora fada boa, ora bruxa; ora santa, ora prostituta... a anima também tem conexões "ocultas" com os "mistérios"... [Ela] é mais ou menos imortal, porque fora do tempo... [A] anima... pertence a uma ordem diferente de coisas.

CW 9, i, §356

A anima também tem afinidade com os animais, que simbolizam suas características. Assim, ela pode aparecer como uma cobra, um tigre ou um pássaro.

CW 9, i, §358

passar horas, anos, no vazio com uma dessas mulheres bobinhas, fofas e tagarelas. Ulisses passou sete anos no vazio cavernoso de Calipso. Por quê? Para quê? Hedonismo? Encarnação do desejo? Ou será uma tentativa de resgatar e de transformar a mulher, como Orfeu tentando trazer Eurídice para o mundo da luz? Ao contrário, esse tipo de mulher nos apresenta uma condição arquetípica de alma que é como uma ninfa sonolenta, nem adormecida nem acordada, nem assumidamente virgem nem realmente casada, vazia e perdida, uma tabula rasa. Talvez Eurídice queira permanecer marginal, um vulto insubstancial e, portanto, os longos anos de fuga nos bares escuros, motéis, aparatos anticoncepcionais, o desperdício calado no limbo sem luz e sem profundidade sejam um estilo de fascinação da anima no qual a ausência de significado é precisamente o significado. Anima, como o arquétipo da vida,[a] pode ser extremamente vazia de significado. Então, ela constela a busca do Velho Sábio, o arquétipo do significado.

Aqui novamente podemos perceber uma instância de nossas premissas psíquicas sendo determinada por uma figura arquetípica, de forma que enxergamos aquilo que já estava implícito na premissa. Chamamos essas mulheres de tipos anímicos e as conectamos com a antiga figura da *hetaera*;* ainda assim, por causa da teoria (mulheres não têm anima), assumimos que o arquétipo da anima pode afetar a vida de uma mulher somente através dos homens e de suas projeções ilusórias.

Vamos olhar isso mais de perto. Os papéis que Jung atribui à anima[b] – relação com os mistérios, com o passado arcaico, representação da boa fada, da bruxa, da prostituta, da santa, e associações com animais tais como o pássaro, o tigre, a serpente (para citar apenas os que ele cita) – todos aparecem frequente e acertadamente na psicologia das mulheres. A fenomenologia da anima não se restringe ao sexo masculino. As mulheres também sonham com garotinhas e prostitutas; elas também são atraídas por mulheres desconhecidas e misteriosas. A Santa, Safo e a Bela Adormecida também fazem parte de suas paisagens interiores. Assim como as imagens não são restritas apenas aos homens, também as emoções não podem ser confinadas apenas ao sexo masculino. As mulheres também carregam uma expectativa, uma interioridade que é oposta à ação de suas *personas*. Elas também perdem o contato e podem ser levadas a meditar sobre seu destino, sua morte, sua imortalidade. Também sentem a alma e

---

* Cortesã. (N.T.)

(a) ... reservei o termo "animus" especificamente para mulheres... A psicologia feminina exibe um elemento que é a contraparte da anima de um homem.

CW 13, §60

... um homem, ao tentar obter seu ideal de masculinidade, reprime todos os traços femininos – que são realmente parte dele, assim como traços masculinos são parte da psicologia de uma mulher... Se examinarmos cuidadosamente as emoções descontroladas de um homem... logo chegamos a uma figura feminina que chamei... anima. Da mesma forma, os antigos concebiam uma alma feminina, uma "psique" ou "anima".

CW 10, §79

sofrem seus mistérios e confusões. Dizemos que uma mulher "tem alma", e queremos dizer a mesma coisa quando afirmamos isso de um homem.

Mulheres são tão salgadas em seu pranto e ressentimento, tão cruéis nos mexericos, tão insondáveis em sua teimosia quanto os homens. As intensificações, exageros e mitologizações que pertencem à descrição de anima aparecem realmente nas mulheres e não devem ser atribuídas à sua personalidade feminina inconsciente, à mulher interior, ou a uma minoria de genes femininos. Aqui a anima, arquétipo da vida e arquétipo do feminino, influencia o processo psíquico independentemente do sexo, e somos assim libertados dessa fantasia masculino-feminina de anima, das infinitas oscilações da compensação, e também do engano epistemológico de explicar através de "projeção".

Por que chamar o mesmo comportamento em um sexo de "anima" e no outro de "naturalmente feminino" ou "sombra"? Que efeito isso tem nas diferenças psicológicas entre os sexos, se a mesma imagem num homem e numa mulher é, no caso dele, enobrecida como uma imagem de alma (anima) e, no dela, parte do domínio da sombra? Se por definição as mulheres são destituídas de anima – "Mulher não tem anima, nem alma, mas tem um *animus*" (CW 17, §338)[a] – não estaria a psicologia analítica dando continuidade a uma antiga tradição de negar à mulher uma alma e de dispor as imagens dessa alma na sombra? Isso não significa duvidar nem da realidade de sua sombra nem da questão espiritual premente na mulher que é configurada pelo animus.

Mas eu duvido mesmo que o desenvolvimento psicológico de uma mulher signifique desenvolvimento do animus, pois isso é uma destruição das categorias de psique e espírito. Animus refere-se a espírito, a logos, a palavra, a ideia, a intelecto, a princípio, a abstração, a significado, a *ratio*, a *nous*. A discriminação do espírito não tem nada a ver com o cultivo da alma. São de ordens diferentes. Se a primeira é a atividade mental no seu sentido mais amplo, o segundo relaciona-se com o domínio do imaginal, igualmente abrangente, mas muito diferente.

Tem-se afirmado que, porque as mulheres são do gênero feminino, elas já possuem alma – ou melhor, são alma. Na medida em que há uma identidade entre alma e feminilidade, então é claro que o problema da alma das mulheres já está resolvido, novamente por definição, e pela biologia. (Freud, em sua palestra sobre feminilidade, encontrou-se no mesmo dilema que ele lança para as mulheres como se fosse delas: "Também os senhores vão refletir sobre essa questão [a natureza do feminino]

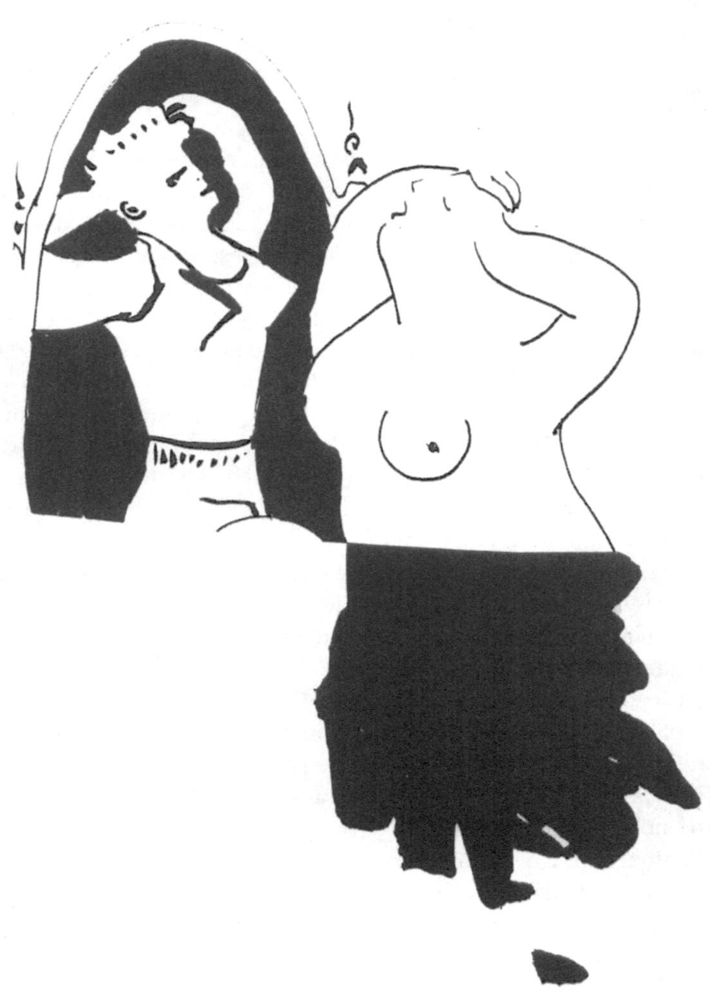

justamente porque são homens; já das mulheres entre os senhores isso não é esperado, pois as senhoras são o próprio enigma.")[22] Mas a psique, o sentido de alma, não é dado a uma mulher só porque ela nasceu fêmea. Ela não é abençoada com uma alma mais congenitamente salva do que o homem, que deve passar sua vida preocupado com seu destino. Ela não está mais isenta do que o homem das tarefas do cultivo da anima; negligenciar a alma em favor do espírito não é para ela menos repreensível psicologicamente do que para um homem, que tem sempre escutado da psicologia analítica que ele deve sacrificar intelecto, *persona* e extroversão para o bem da alma, do sentimento, da interioridade, isto é, da anima.

A imensa dificuldade que algumas mulheres têm com a imaginação e o tormento que algumas passam em relação ao vazio interior apontam a alma como a área carente. Tanto quanto os homens, as mulheres precisam da fantasia, de mitologizações, nas quais elas possam fazer uma leitura de si mesmas e descobrir seu destino. Encontrar um sentido de dignidade, de confiança em si mesmo, ou "fé psicológica", como chamou Grinnell,[23] é uma necessidade tanto da mulher como do homem. Os falsos substitutos da alma, os sentimentalismos anímicos e as inflações da anima ocorrem igualmente nos dois sexos; os esforços das mulheres em direção à profundidade, à natureza interior, à sensibilidade e à sabedoria podem ser tão vítimas de uma pseudoalma quanto os dos homens. Talvez nas mulheres a pseudoalma seja ainda mais evidente, pois na ausência da anima o animus preenche o vazio – uma caricatura travestida.

O animus é dado com a civilização e sua representação psíquica, que reduzimos à noção de ego, é, como diz Neumann,[24] masculino nas mulheres também. O arquétipo do ego é o Herói; portanto, seu avesso nas mulheres também vai exibir as nobres qualidades da anima. A área negligenciada não é o animus, mas a anima.

Um desenvolvimento do animus que não for acompanhado pela anima afastará a mulher da compreensão psicológica. Isso acontece quando sua fantasia seca, quando a variação de humor e o envolvimento com a vida ficam mais estreitos, tornando-a, na melhor das hipóteses, um modelo espiritual e um pateta psicológico. Sua sabedoria, suas preocupações, seus conselhos são apenas opiniões elaboradas, distanciadas, e não uma reflexão da alma em meio às suas afeições – e notamos isso até quando o campo preferido para desenvolvimento do animus é a própria psicologia. O domínio da psicologia não garante que seus habitantes

(a) Mas, uma vez que a mulher se contenta em ser uma *femme à homme*, ela perde sua individualidade feminina. Ela é vazia e apenas brilha – um recipiente acolhedor das projeções masculinas.

CW 9, i, §355

(b) ... Cora frequentemente aparece nas mulheres como uma *garota desconhecida*, e não raro como Gretchen ou como solteira... **[**ou**]** como a *bailarina*, ... a *coribante*, a *bacante* ou a *ninfa*.

CW 9, i, §311

sejam particularmente psicológicos. A plaquinha de "psicólogo" na porta infelizmente nada atesta sobre a alma do profissional. E se o profissional for uma mulher, o epíteto "psicóloga" com mais certeza ainda nada tem a ver com alma, uma vez que o processo de desenvolvimento (de animus) que a levou até o título foi por definição um processo do espírito, não da alma. Dizer isso não implica nada contra o desenvolvimento do logos ou contra o respeito pelas ideias nas mulheres, mas como espírito não é alma, também animus não é anima, e nem um nem outro pode ser negligenciado ou substituído pelo outro. A sizígia significa ambos.

O poder de nossas noções teóricas não pode ser superestimado. Ao negarmos anima às mulheres substituindo-a pelo animus, todo um padrão arquetípico foi determinado para a psicologia da mulher. A ausência de anima nas mulheres por *definitionem* é uma privação de um princípio cósmico com não menos consequências, na prática da psicologia analítica, quanto a teoria da inveja do pênis na prática da psicanálise.

Ao levantar essas dúvidas sobre o animus, também tenho a esperança de que as constelações tipicamente anímicas na psique de uma mulher sejam tratadas como tal, e não mais como sombra, simplesmente porque essas manifestações são femininas. Isso por sua vez nos levaria a uma noção de sombra mais precisamente aprimorada, talvez reservando-a para aquilo que é *normalmente* reprimido. Sempre que temos de optar entre salvar a teoria e salvar os fenômenos, a história das ideias mostra que ela lucra mais estando do lado dos fenômenos, mesmo se por um momento a teoria for alterada e algumas coisas que considerávamos claras caírem numa nova obscuridade.

Voltando ao vazio da mulher do tipo anima, devemos lembrar que até aqui seu relacionamento com o arquétipo da anima, por definição, tinha de acontecer através de um homem. Mas não devemos mais encarar sua psicologia dessa maneira. O vazio não é um simples vácuo receptor da projeção do sexo oposto. Nem devemos avaliar esse vazio por meio das noções de uma sombra inconsciente ou de um animus não desenvolvido. Derivá-lo de um complexo paterno localiza novamente sua origem no homem, fazendo da mulher apenas a filha, apenas um objeto criado pela projeção, uma Eva nascida do sono de Adão, sem uma alma independente, um destino, uma individualidade.[a]

Em vez disso, esse vazio seria considerado uma autêntica manifestação arquetípica de anima numa de suas formas clássicas (donzela, ninfa, Cora), tão bem descritas por Jung,[b] onde ele também afirma que

(a) Melusina aparece na mesma categoria que as ninfas e as sereias, que habitam a "Ninfidídia", o reino aquático... Melusina nasceu no útero dos mistérios, obviamente aquilo a que hoje chamaríamos de inconsciente... Melusina é claramente uma figura anímica.

CW 13, §180

... Melusina, a nixie aquática, ... [pode] assumir uma forma humana. Dorn acredita que isso seja "uma visão que aparece na mente" e não uma projeção sobre uma mulher verdadeira...

... A anima pertence àqueles fenômenos limítrofes que ocorrem principalmente em situações psíquicas específicas. Confrontamo-nos com uma escuridão impenetrável e desesperançada, um vazio abissal que de repente é preenchido com uma visão sedutora, a presença palpável e real de um ser estranho, e ainda assim, solícito....

Essa peculiaridade da anima é encontrada... na lenda de Melusina...

CW 13, §§215-17

Mitologicamente, as ninfas, as dríadas etc., são núminas da natureza e dos bosques, mas psicologicamente são projeções de anima.

CW 14, §70

(b) Quando projetada, a anima tem sempre uma forma feminina com características definidas. Esse achado empírico não significa que o arquétipo seja constituído desse modo *em si próprio*.

CW 9, i, §142

"ela frequentemente aparece na mulher". Mesmo que relacionemos essa donzela com a filha, ela pode permanecer dentro da constelação da anima. Não há necessidade de procurar as origens fora, num pai.

Todos sabemos que pais criam filhas; mas filhas também criam pais. A atuação da filha-donzela, com todo o seu charme receptivo, sua tímida disponibilidade e sua manha masoquista faz com que apareça um espírito paternal. Mas essa aparição e a vitimização da filha são criações da própria filha. Até a ideia de que ela é um resultado do pai (ou de um pai ausente ou de um mau pai) faz parte da fantasia-de-pai do arquétipo da anima. E assim, ela precisa estar "tão ligada" ao pai porque a anima é o reflexo de uma ligação. Ela cria o pai figurativo e a crença nessa responsabilidade, que serve para confirmar a metáfora arquetípica da Filha que tem sua origem não no pai, mas na anima inerente também à psique da mulher.

Além disso, a musa, com quem a ninfa tem uma conexão especial para quem sua consciência está voltada, seguindo W. F. Otto,[25] também é autenticamente parte do potencial da psicologia das mulheres em si, não apenas um reflexo dos homens. Não é a anima *do homem* e, portanto, não é a vida interior do homem que a ninfa, a *hetaera*, ou a musa refletem, mas a anima como arquétipo, que também pode ser chamada de psique ou alma.[a]

Nesse nível de diferenciação, o próprio Jung levanta uma dúvida se realmente podemos falar da anima *per se* como feminina. Ele sugere que teríamos de limitar a feminilidade do arquétipo à sua forma projetada.[b] Paradoxalmente, o próprio arquétipo do feminino pode em si mesmo não ser feminino. (Cf. carta para Traugott Egloff, de 8 de junho de 1959: "A androginia da anima pode aparecer na própria anima...") Pode-se levantar uma dúvida semelhante sobre a "feminilidade" da vida da qual a anima é o arquétipo.

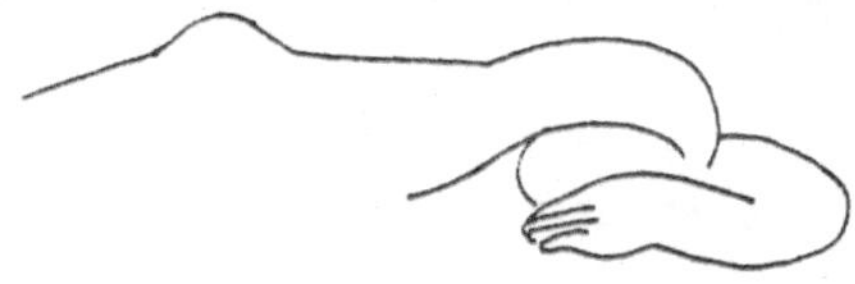

(a) [na] filosofia chinesa clássica... a anima (*p'o* ou *kuei*) é encarada como a parte feminina ou ctônica da alma.

CW 9, i, §119

... usei o termo "anima" de um modo bastante análogo à definição chinesa de *p'o*... [O] caráter afetivo de um homem tem traços femininos. Desse fato psicológico deriva-se a doutrina chinesa da alma *p'o* bem como meu próprio conceito de anima.

CW 13, §58

"Anima", chamada *p'o*, e escrita com os caracteres de "branco" e "demônio", ou seja, "fantasma branco", pertence à alma mais baixa, terrena, corpórea, o princípio *yin*, e é, portanto, feminina.

CW 13, §57

(b) ... a anima é o *arquétipo da própria vida*.

CW 9, i, §66

O ser que possui alma é um ser vivo. Alma é a coisa viva num homem, aquilo que vive por si só e que causa a vida... Com seu jogo astuto de ilusões, atrai para a vida a inércia da matéria que não quer viver. Ela nos faz acreditar em coisas incríveis, que a vida pode ser vivida. Ela arma diversas ciladas e armadilhas para que os homens caiam, alcancem a terra, enredando-se com ela, fiquem presos...

CW 9, i, §56

A descrição assexuada e sem conteúdo do arquétipo da anima como "vida", análogo a Maya, a Shakti, a Sofia, e a alma *p'o*,[a] aponta para um tipo específico de vida, uma vida que projeta consciência. Em outras palavras, a vida que Jung[b] atribui ao arquétipo da anima é a *vida psíquica*: "A anima... é um 'fator' no sentido próprio do termo. O homem não pode fazê-lo; ao contrário, ela é sempre um elemento *a priori* em seus humores, reações, impulsos e em qualquer outro aspecto espontâneo na vida psíquica. É algo que vive de si mesmo, que nos faz viver; é uma vida atrás da consciência que não pode ser completamente integrada a ela, mas da qual, ao contrário, nasce a consciência" (CW 9, i, §57).

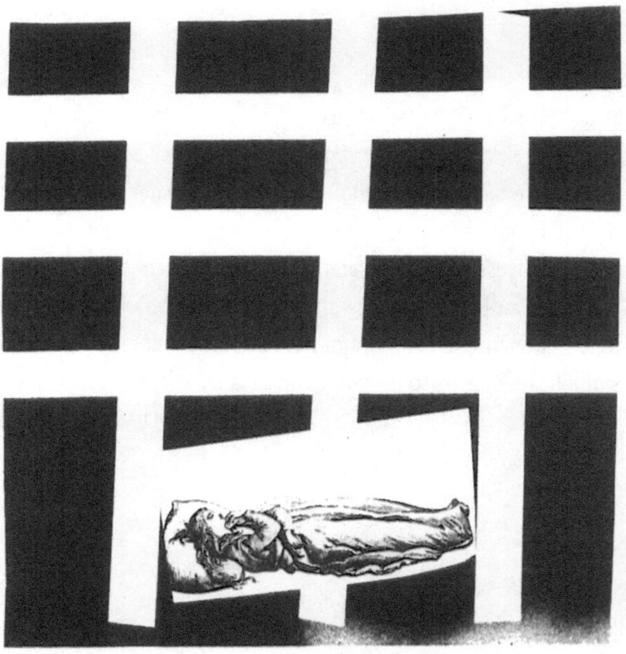

(a) Em caso de uma possessão pela anima, por exemplo, o paciente quererá transformar-se numa mulher por meio da autocastração, ou terá medo de que algo assim seja feito com ele à força. O exemplo mais conhecido disso é o *Memoirs of my Nervous Illness* de Schreber. Os pacientes descobrem com frequência toda uma mitologia de anima cheia de motivos arcaicos.

CW 9, i, §82

(b) A psoríase da figura de anima é devida a certos conteúdos que ela tem dentro de si, como que no sangue, e que ela deixa transpirar para a superfície. Isso é também indicado pelos desenhos parecidos com cobra da psoríase. É como se fosse uma pintura que aparece na pele. Muitas vezes isso indica a necessidade de retratar, graficamente e em cores, certos conteúdos ou estados... Essa atividade "artística"... esses trabalhos da anima são produtos da mente feminina num homem. Essa mente feminina é pictórica e simbólica e está perto do que os antigos chamavam de Sofia.

Carta ao Dr. S., 22 de março de 1935

Considerar a anima como a vida atrás da consciência, e a partir da qual surge a consciência, aprofunda a nossa compreensão de suas estranhas expressões nas imagens, emoções e sintomas. Ela se projeta na consciência através da expressão; expressão é a sua arte, quer na extraordinária artimanha da formação dos sintomas e do "quadro"[a] clínico, ou nos artifícios das feitiçarias da anima. A sabedoria que Sofia concede é examinar sabiamente essas expressões, enxergando a arte no sintoma.[b]

Anima aqui não é a projeção, mas o projetor. E nossa consciência é o resultado da sua vida psíquica pregressa. Anima, portanto, torna-se o condutor primordial da psique, ou o arquétipo da própria psique.

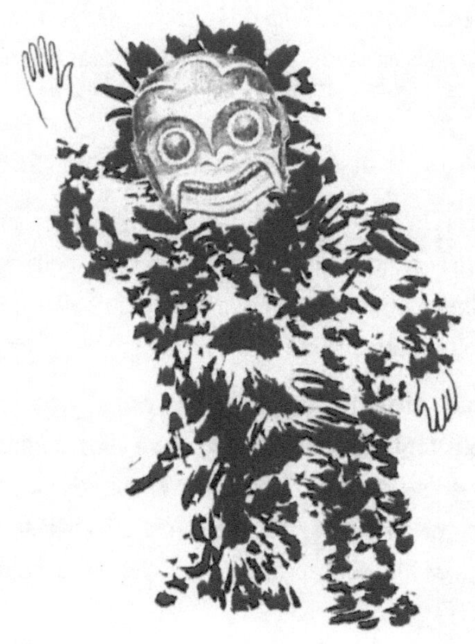

(a) Anima significa alma... [A] alma é a sopro mágico da vida (daí o termo "anima").

CW 9, i, §55

Mas eu estaria sendo excessivamente sucinto se descrevesse a anima meramente como uma imagem primordial de mulher consistindo em sensações irracionais, e o animus meramente como uma imagem primordial do homem e consistindo em percepções irracionais. As duas figuras apresentam... formas elementares desse fenômeno psíquico que desde os tempos primitivos vem sendo chamado de "alma". São também a causa dessa profunda necessidade humana de estar sempre falando de almas ou demônios.

CW 10, §82

... a rainha e o rei são um só, no sentido em que corpo e alma ou espírito e alma são um... a rainha corresponde à alma (anima)...

CW 14, §536 (cf. CW 10, §243; CW 13, §168, n. 62)

As almas arcaicas, o *ba* e o *ka* dos egípcios, são complexos desse tipo. Num nível ainda mais elevado... esse complexo é invariavelmente do gênero feminino – anima...

CW 7, §295

(b) Anima significa alma e deveria designar alguma coisa muito maravilhosa e imortal. No entanto, não foi sempre assim. Não podemos esquecer que esse tipo de alma é um conceito dogmático cujo objetivo é prender e capturar alguma coisa insolitamente viva e ativa.

CW 9, i, §55

Quero aqui tomar certo cuidado contra uma confusão. O conceito de "alma" que estou usando agora está mais próximo da ideia primitiva da alma... do que da ideia cristã, que é uma tentativa de fazer um constructo filosófico... Minha concepção da alma não tem absolutamente nada a vez com isso.

CW 10, §84 (cf. CW 7, §§302, 371)

5. ANIMA E PSIQUE

Somos levados a uma outra consideração: a relação da anima com a própria psique. Muitas vezes[a] Jung usa anima e alma alternadamente. Ainda assim, esforça-se em cumprir a difícil tarefa de manter distinções entre os três termos – anima, alma, psique. Por um lado, ele diferencia anima de alma dizendo: "Sugeri o termo 'anima' para indicar algo específico, para o que a expressão 'alma' é muito genérica e muito vaga" (CW 9, ii, §25). Ele quer ter a certeza de que seu conceito, "anima", não se confunde com as tradicionais ideias de anima na religião e na filosofia.[b] Por outro lado, ele também quer definir anima de forma que ela não se refira à psique, da qual ela é apenas um dos arquétipos. Nem alma, nem anima podem ser identificadas com a "totalidade das funções psíquicas" (CW 6, §420). O termo "self" fica, geralmente, reservado

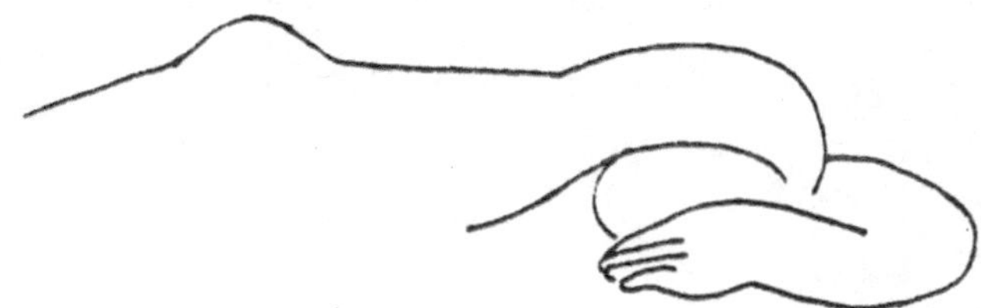

(a) [No texto alemão, a palavra *Anima* só é usada duas vezes... Todas as outras vezes a palavra usada é *Seele* (alma). Nesta tradução, *anima* aparece no lugar de "alma" quando se refere especificamente ao componente feminino num homem... "Alma" só se mantém quando se refere ao fator psíquico comum a ambos os sexos. Nem sempre é fácil fazer essa distinção...]

CW 6, §803, n. 80

[... não não existe um equivalente perfeito para *Seele* em inglês... no ensaio "Espírito e Vida" ["Spirit and Life"] "alma" ("soul") daria um sentido totalmente errado. Portanto, foi traduzido ou como "psique" ou como "mente" ("mind")... **[**Há**]** uma tendência crescente para substituir o conceito *Seele* por *Psique*, até, em "O Real e o Surreal" ["The Real and the Surreal"] (1933), usa-se apenas *Psique*.]

CW 8, p. 300

[A tradução de... *Seele* apresenta dificuldades quase insuperáveis porque combina as duas palavras "psique" e "alma" ["psyche" e "soul"] ...
...ou *Psyche* ou *Seele* – foi usado com referência à totalidade de *todos* os processos psíquicos... "Alma" ["soul"], por outro lado, tem um sentido mais restrito e refere-se a um "complexo funcional" ou personalidade parcial... Aplica-se muitas vezes especificamente para "anima" e "animus"...]

CW 12, §9, n. 2

para essa totalidade. (Mais sobre essas diferenciações nas notas dos editores e tradutores.)[a]

Num outro contexto,[26] tentei separar alguns aspectos dos vínculos entre "anima", "psique" e "alma". Lá sugeri que os humores e o comportamento característicos daquilo que a psicologia analítica chama de anima são mais bem compreendidos em contraste com o *background* arquetípico de Psique no conto de Apuleio e que, portanto, esse comportamento de anima era precisamente onde deveríamos procurar pela emergência da psique. Minha intenção lá era mostrar *fenomenologicamente* que aquilo que começa meramente como fantasias e humores da anima torna-se ambiguidade psicológica, ou seja, receptividade, continência e imaginação, de forma que a compreensão psicológica dá-se através da anima. Minha intenção aqui é mostrar *conceitualmente* que o processo de a anima tornar-se psique pode ser deduzido da própria noção de anima dada por Jung. Na verdade, penso que podemos defender uma

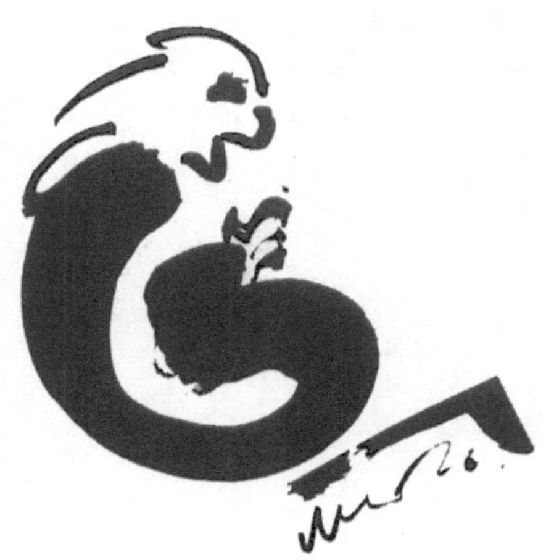

(a) ... Prakriti dançando diante de Purusha para lembrá-lo do "intelecto discriminante" não pertence ao arquétipo da mãe, mas ao arquétipo da anima...

CW 9, i, §158

Nem é ela [a anima] uma figura substituta para a mãe.

CW 9, ii, §26

Podemos... considerar que a transferência da água da vida para a irmã significa realmente que a mãe foi substituída pela anima.

CW 12, §92

... a anima aparece igualmente como donzela e como mãe, e é por isso que uma interpretação personalista sempre a reduz à mãe pessoal ou a alguma outra pessoa do sexo feminino. O significado real da figura naturalmente se perde no processo...

CW 93, §356

outra definição de anima: *arquétipo da psique*. Apesar de essa definição não aparecer diretamente em Jung, ela pode ser extraída de Jung das seguintes maneiras:

a) Jung associa anima com uma série de formas femininas; mas uma em especial ele geralmente mantém fora desse domínio: a mãe. "O aspecto mais impressionante sobre o tipo-anima é a ausência do elemento maternal."[a] A anima torna possível uma "relação puramente humana" independente do aspecto maternal da procriação[27] (CW 10, §76). Anima, portanto, representa o movimento para a vida adulta e o "crescimento que se distancia da natureza" (ibid.).

Na alquimia, o crescimento que se distancia da natureza é chamado de *opus contra naturam*, um conceito-chave para a compreensão *psicológica* dos eventos psíquicos, diferentemente da naturalista. O movimento de mãe para anima representa essa mudança de perspectiva de compreensão naturalista para a psicológica. Na alquimia, a relação correspondente à perspectiva psicológica era exemplificada na relação do adepto com uma anima-*soror*. A abordagem psicológica tão essencial à alquimia pedia anima, de forma que ela tornou-se a premissa arquetípica do trabalho psicológico.

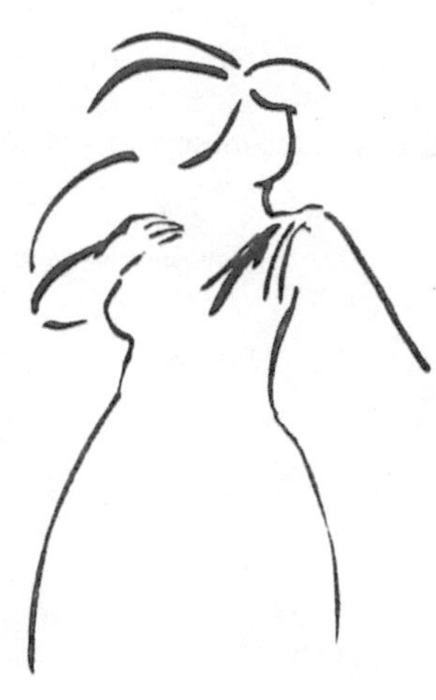

(a) ... dois arquétipos empiricamente muito comuns, a saber anima e o Velho Sábio, convergem na fenomenologia simbólica de Mercúrio.

CW 12, §218

... *Mercúrio é a anima mundi.*

CW 9, ii, §212

"Alma" (*soul*), *saiwalô* em alemão arcaico, está relacionado com αἰόλος, "movimento rápido, mudança de matiz, troca". Tem também o significado de "esperto" ou "volúvel"; daí um grau de incerteza se liga à definição alquímica de *anima* como Mercúrio.

CW 9, i, §391, n. 5

Mercúrio é muitas vezes designado como *anima*...

... Muito mais material é a definição de Mercúrio como "um poder que dá a vida como uma ligação, mantendo o mundo unido e interpondo-se entre corpo e espírito". Esse conceito corresponde a Mercúrio como a *anima media natura*. Daí à identificação de Mercúrio como a *anima mundi* há apenas um passo...

CW 13, §§262-63

Como a *anima mundi*, Mercúrio pode de fato ser comparado com a Gnóstica... (virgem da luz) e com a Virgem Maria do Cristianismo.

CW 12, §506

... externamente, Mercúrio corresponde ao metal mas, internamente, ele é... uma *anima mundi*.

CW 14, §699

(b) Eu defini a anima como uma personificação do inconsciente.

CW 9, ii, §20, n. 1

... o inconsciente é muitas vezes personificado pela anima...

CW 11, §107

... a anima... representa o inconsciente coletivo.

CW 14, §128

b) Em vários trechos, Jung demonstra a identidade de anima e Mercúrio.[a] Mercúrio recebe muitos nomes de anima e alma, e, como Mercúrio é chamado "o arquétipo do inconsciente" (CW 13, §299), a anima é o arquétipo que "personifica o inconsciente coletivo" (CW 10, §714).[b]

Mercúrio e anima têm naturezas semelhantemente mutáveis, esvoaçantes, iridescentes, insondáveis e fugidias, uma qualidade que é imaginada pelo mercúrio como Mercúrio e pela anima como elfo e Melusina, e pelas asas tremeluzentes de *psyché*. Essa semelhança não os torna um só em todos os sentidos, mas sem dúvida ajuda a substancializar a ideia de que o significado especial de anima é psíquico, na medida em que Mercúrio é, *par excellence*, a representação da natureza psíquica. (Acredito que essa identidade fique mais acentuada quando alma e espírito não foram discriminados; então a anima é exageradamente mercurial, menos continente, mais sedutoramente ilusória – está em toda parte – e então o espírito é predominantemente úmido, vaporoso, e num vibrante fluxo de incertezas. Nessas condições, quando alma e espírito se confundem, o espírito se veste de branco, a cor dela [a *albedo*, *anima candida*], e a alma aparece vestida com o azul ou o vermelho dele. Alguns dos fenômenos da *puella** em mulheres jovens expressam essa mistura de espírito e alma: um espírito mercurial instável que atua como uma faísca fascinante numa alma inocente daquilo que contém.)

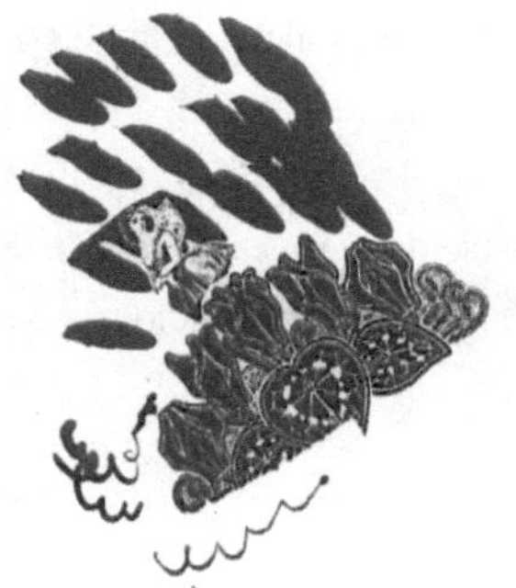

* Em latim, feminino de *puer*: o arquétipo da eterna criança. (N.T.)

(a) a rainha e o rei são um só, no sentido em que corpo e alma, ou espírito e alma são um só... a rainha corresponde à alma (anima) e o rei ao espírito... o segredo do trabalho foi às vezes chamado de "Reginae Mysteria".

CW 14, §536

... nossa gravura representa a união do espírito com a realidade material... [O] espírito do ouro, **[é]** apenas a metade direita do rei... A rainha é um enxofre, ... um espírito ctônico ... [O] *self* ou "imago Dei"... está aqui unido à sua contraparte ctônica. [Isto] é personificado na figura psicológica da anima... [A] rainha alquímica... corresponde à anima psicológica.

CW 14, §736

(b) **[**Para Richard White**]**... A alma humana é "andrógina", "porque uma menina tem uma alma masculina e um homem tem uma alma feminina."... **[**Ele**]** acrescenta... a alma é também chamada "mulher velha"...

... [Ele] escreve que a alma é uma ideia "de um poder tão grande que cria as próprias formas e coisas", também "ela tem dentro de si o 'self' de toda a humanidade". Ela transcende todas as diferenças individuais... Deve--se observar que ele descreve essa alma de uma maneira muito diferente do que o faria hoje uma psicologia biológica ou personalista...

CW 14, §§92-3

c) Mas o grupo básico das ideias alquímicas associadas com anima refere-se a Luna e Regina e a vários outros de seus nomes para esse componente do par arcano. Esse componente que, seguindo Jung,[a] abreviamos aqui para Regina, é visto na alquimia numa conjunção como sendo a contraparte do corpo, enquanto noutra conjunção torna-se a contraparte do espírito. Jung deixa Regina representar igualmente o feminino, eros, a alma, o inconsciente, a anima e a psique. Ou seja, nessas sizígias alquímicas, Regina significa a própria psique quando a psique é imaginada como sendo diferente do corpo ou diferente do espírito.

Devemos notar que Jung emprega o termo *psique* em dois sentidos. No uso mais tradicional e restrito, psique é o componente alma da conjunção. É nesse sentido que psique é fenomenológica e terminologicamente indistinguível de anima. No uso mais amplo, aquele especificamente empregado por Jung, psique significa mais do que um componente e, portanto, não pode equivaler ao arquétipo da anima. Nesse sentido, psique significa todos os processos descritos na alquimia, incluindo corpo, espírito, sol e lua, mercúrio etc. Cada um deles é psicológico; estão todos acontecendo na psique. Anima seria apenas um desses fatores.

Esse tipo de noção extensiva de alma aparece na alquimia, por exemplo na alma descrita por Richard White[b] que, nota Jung, difere extremamente da ideia da psique na "psicologia biológica e personalista". Essa alma é ao mesmo tempo a figura da anima personificada numa forma feminina e o princípio psicológico reflexivo. Como observa Jung, ela reúne a diferença entre a noção mais ampla de alma (*anima mundi*) e a mais restrita (*anima vagula*). Essa distinção entre alma e *a alma* ou *minha* alma não interessou aos alquimistas, e sobre essa distinção o Neoplatonismo recusou-se a insistir, pois Plotino conseguia discutir a psicologia nos dois níveis ao mesmo tempo: aquilo que acontece na psique com certeza também acontece na alma do homem. A psicologia arquetípica sem dúvida reflete-se na psique do indivíduo. Jung algumas vezes concorda com isso, dizendo, por exemplo (CW 16, §469), "frequentemente parece-me aconselhável falar menos de *minha* anima ou do meu animus e mais *da* anima e *do* animus. Como arquétipos, essas figuras são quantidades semicoletivas e impessoais...". Ele também lamenta que (CW 11, §759): "O próprio homem cessou de ser o microcosmo e o *eidolon* do cosmos, e sua *anima* não é mais a *scintilla* consubstancial, ou uma centelha da *Anima Mundi*, a Alma do Mundo". Porque tomamos a anima personalisticamente, ou porque ela engana o ego dessa forma, perdemos o

(a) ... quando a anima perde o poder demoníaco de um complexo autônomo... ela é despotencializada... não é mais a alma a "Grande Dama", transformando-se numa função psicológica de caráter intuitivo, da qual se poderia dizer como os primitivos: "Ela foi à floresta falar com os espíritos" ou "Minha serpente falou-me"...

CW 7, §374

(b) As funções da alma... no corpo, mas tem a maior parte de sua função... fora do corpo...

CW 12, §396

significado mais amplo de anima. Essa perda da alma acontece mesmo quando estamos mais envolvidos na tentativa de ganhá-la: "desenvolvendo a *minha* anima" por meio das relações, da criatividade e da individuação.

A menos que possamos compreender o "interior" de um modo radicalmente novo – ou classicamente velho –, continuaremos a perpetuar a divisão entre a minha anima e a alma do mundo (a psique objetiva). Quanto mais a concentrarmos dentro e literalizarmos a interioridade dentro da minha pessoa, mais perderemos o sentido de alma como uma realidade psíquica interiormente dentro de todas as coisas. A anima interior não está meramente dentro do meu peito; introjeção e internalização não significam tornar minha cabeça ou minha pele no vaso dentro do qual todos os processos psíquicos acontecem. O "interior" refere-se àquela atitude dada pela anima que percebe a vida psíquica dentro da vida natural. A própria vida natural torna-se o vaso no momento em que reconhecemos que ela possui um significado interior, no momento em que vemos que ela também sustenta e carrega psique. A anima faz vasos em todos os lugares, em qualquer lugar, ao ir para dentro.[a]

A maneira de fazê-lo é a fantasia. Os fenômenos tornam-se vivos e carrregam alma por meio de nossas fantasias imaginativas sobre eles. Quando não temos fantasias sobre o mundo, ele se torna objetivo, morto; mesmo a fantasia da poluição ajuda a trazer o mundo de volta à vida como tendo significado para a alma. A fantasia não é meramente um processo interior que acontece na minha cabeça. É um modo de estar no mundo e de devolver a alma ao mundo.

A tentativa de tomar de volta a alma da vida exterior priva o exterior de seu "interior", estufando a pessoa com uma alma subjetiva e fazendo com que o mundo se torne um refugo do qual todas as projeções, personificações e psique foram extraídos. Por essa razão, quanto mais trabalhamos nossas próprias personalidades e subjetividades em nome da anima, menos estaremos de fato cultivando a alma e mais estaremos continuando na ilusão de que a anima está em nós em vez de nós estarmos nela. Psique é uma noção mais ampla do que o homem, e o homem funciona em virtude da psique e é dependente dela e não o contrário: "o homem... está... *na* psique (não na *sua* psique)" (14 de maio de 1950, carta a Joseph Goldbrunner). "A maior parte da alma está fora do corpo", diz Jung, citando o alquimista Sendivogius (12 de julho de 1951, carta a Karl Kerényi).[b] Porque a noção de anima sempre contém

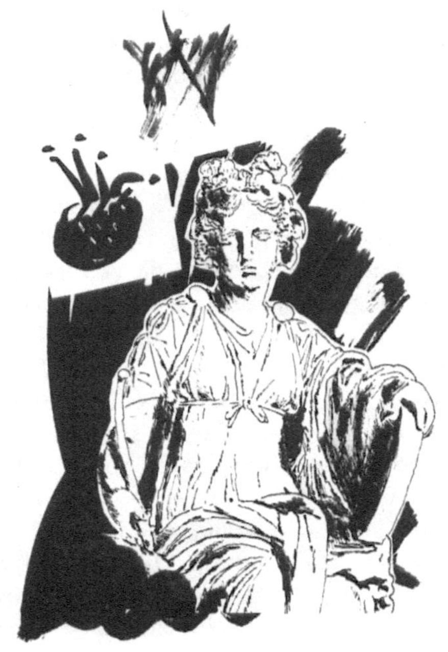

(a) Embora nem anima nem animus se constelem sem a intervenção da personalidade consciente, isto não quer dizer que a situação criada seja apenas uma relação e um envolvimento pessoais... [Estamos] lidando com um arquétipo que é tudo menos pessoal.

CW 16, §469

a alma do mundo, ou alma no mundo, o desenvolvimento da consciência de anima nunca acontece meramente por meio do desenvolvimento da subjetividade individual.

Minha anima expressa a *falácia personalista*. Apesar das experiências de anima trazerem consigo uma numinosidade pessoal, isto é, o sentimento de uma interioridade especial e o sentido de importância (mitologizações e exageros do humor, *insight* ou fantasia), tomar essas experiências literalmente, como literalmente pessoais, coloca anima dentro de *mim*. A subjetividade elevada dos eventos anímicos "é tudo menos pessoal", porque é arquetípica.[a] A anima é o arquétipo que está por trás desses personalismos e, portanto, as experiências são arquetipicamente pessoais, fazendo-nos sentir arquetípicos e pessoais ao mesmo tempo. Mas tomar o arquetípico literalmente como pessoal é uma falácia personalista. Assim, quando, sob o domínio da anima, nossa alma faz-nos sentir mais singularmente "eu", especial, diferente, escolhido – é justamente o momento em que, como diz Jung ainda no mesmo parágrafo, "estamos mais afastados de nós mesmos e mais parecidos com o tipo médio do *Homo sapiens*".

Voltando ao dilema criado pelos dois sentidos de anima – o mais restrito: ser um componente da *coniunctio*; e o mais amplo, que diz respeito à região na qual todo o processo acontece – podemos compreendê-lo da seguinte maneira: anima pode ser apenas um ingrediente na alquimia dos processos psíquicos. Mas, devido ao seu papel conjuntivo (*anima mercurius*), ela é aquele fator através do qual tudo se dá como psíquico; ela é o meio pelo qual (anima como cópula e ligação) e no qual (anima como vaso) ocorre todo o processo. Por sua causa esses eventos tornam-se pessoalmente vivenciados como meus, acontecendo na minha alma... É em virtude do ingrediente anímico que eventos que são impessoais, simples reações naturais ou apenas ideias espirituais tornam-se experiências psíquicas.

Daí encontrarmos em Jung a ideia de que, quanto mais realizada a anima (como um fator arquetípico na psique), mais "a existência psíquica torna-se realidade" (CW 16, §438). A realidade da psique como uma experiência extremamente convincente começa nas loucuras e humores subjetivados de uma anima altamente personalizada. Em nenhum outro lugar podemos encontrar a realidade da alma tão teimosamente – uma ideia em si tão tênue e insignificante – quanto na sordidez ranzinza dos maus humores, nos *insights* que nos escapam, nas suscetíveis vaidades que não serão abrandadas. Alojada nessas perturbações rotineiras, como indica Jung

(a) ... há casos em que a anima impede excessivamente as boas intenções da consciência, criando um contraste entre a vida pessoal do indivíduo e sua esplêndida *persona*...

... considerando-se as realidades interiores "meras fantasias" ninguém reconhecerá nas manifestações da anima outra coisa além de tolices e fraquezas. Mas, se for reconhecido o fato de que o mundo está fora *e* dentro... logicamente dever-se-á considerar os transtornos e inconvenientes que surgem do íntimo como sintomas de uma adaptação defeituosa às condições do mundo interior.

CW 7, §§338-39

(b) ... o *instinto da reflexão*... *Reflexio* significa um curvar-se, um inclinar-se para trás... o fato de o processo reflexivo que canaliza o estímulo para dentro da corrente instintiva ser interrompido pela psiquificação... A *reflexio* é um voltar-se para dentro, tendo como resultado que... surja uma sucessão de conteúdos ou estados, que podemos chamar reflexão ou consideração.

Graças ao instinto de reflexão, o processo de excitação se transforma mais ou menos completamente em conteúdos psíquicos, isto é, torna-se uma experiência...

CW 8, §§241-43

(c) Luna... é o oposto do Sol; por isso é fria, úmida, de luz fraca até a escuridão, feminina, corpórea, passiva. De acordo com isso, seu papel principal é o de ser a parceira do Sol na conjunção... Ela é um receptáculo universal, principalmente do Sol; "recebe as forças do céu e as derrama"... Prata é ainda um outro sinônimo ou símbolo para o arcano da "Luna".

CW 14, §154

(d) Na imagem da divindade ela se encontra projetada de um modo manifesto, mas quando aparece em sua própria forma (psicológica) ela é *introjetada*; ela é a "anima interior". Ela é a *sponsa* natural, ... a companheira que a tendência endógena espera em vão encontrar na mãe ou na irmã. Ela exprime aquele anseio íntimo que, desde os tempos mais remotos, teve de ser sacrificado... É com razão que Layard fala de uma "internalização através de sacrifício".

CW 16, §438

detalhadamente num exemplo que se estende por todo um capítulo, há uma fantasia de anima;[a] e a existência psíquica também se torna uma realidade quando reconhecemos a força motriz e toda a importância da fantasia em si. A anima refere-se à "quintessência das imagens de fantasia" (CW 14, §736) e a uma "quintessência da cor do ar" (ibid., §749) cujo efeito final em tornar familiar a realidade da psique é a compreensão de que "essa fantasia está acontecendo e é tão real quanto você – como uma entidade psíquica – é real", "como se você fosse uma das figuras da fantasia" (ibid., §753). Minha convicção de que a psique e suas fantasias são tão reais quanto a matéria e a natureza, tão real quanto o espírito, depende do quão convincente a anima se fez para mim. Portanto, é dela que depende o chamado psicológico.

d) A relação de anima e psique aparece ainda de um outro modo: por meio da ideia de reflexão de Jung. Dos cinco impulsos instintivos (fome, sexualidade, atividade, reflexão, criatividade) sobre os quais ele discorre, sua noção de reflexão[b] – "virar as costas" e "voltar-se para dentro", para longe do mundo e de seus estímulos em favor das imagens e experiências psíquicas – relaciona-se mais proximamente com sua noção de anima. Anima como Luna,[c] passiva, fria, germinadora, meditativa, interna, descreve a reflexão numa linguagem alquímica. O arquétipo correspondente ao instinto de reflexão seria a anima.

Imagens primordiais desse voltar as costas e afastar-se são apresentadas por ninfas retraídas, porém fecundas, e por vozes ilusórias e coisas efêmeras (luar, brumas, ecos, meditações, fantasias) de que já falamos e que já discuti mais detalhadamente em relação às figuras femininas associadas a Pan.[28] O voltar-se para dentro afastando-se do objeto em favor de imagens internas relaciona-se novamente com a introjeção endogâmica da anima, ou a "internalização pelo sacrifício" (CW 16, §438),[d] necessária à consciência psíquica. Outra imagem de reflexão tradicionalmente associada à anima é o espelho e a atividade do espelhar.

Quando Jung discorre brevemente sobre a natureza da "reflexão inconsciente" (CW 11, §237), ele diz: "Quando julgamentos e *insights* são transmitidos por uma atividade inconsciente, eles geralmente são atribuídos a uma figura arquetípica feminina: a anima, ou mãe-amada. Então parece que a inspiração veio da mãe ou da amada, a *femme inspiratrice*" (CW 11, §240). Num outro nível, ele fala em seus Seminários da mesma atividade mental inconsciente como "a 'mente natural'" (CW 9, i,

(a) O homem tímido, por meio da sua imaginação, fez que seus olhos se tornassem da natureza do basilisco, e assim ele infecciona o espelho, a lua e as estrelas... Assim o homem por sua vez será enfeitiçado por esse espelho da lua... E, assim como o espelho foi manchado pelas mulheres, por sua vez são manchados os olhos... pela lua, isso explica por que algumas vezes os olhos do homem tímido e imaginativo são fracos e abobados...

CW 14, §215

§167, n. 5), onde não pensamos, mas somos pensados, e ele afirma que essa mente natural é de propriedade exclusivamente feminina.

A autonomia do instinto de reflexão, que Jung chama de mente natural, aparece num contexto mais maligno como a mente lunar descrita por Paracelso em seu *De pestilitate*,[a] um texto que Jung amplia ao discutir o aspecto venenoso e paralisante da reflexão. A "anima lunar" (CW 14, §225) é evidentemente responsável por aquilo que Paracelso chama de "homem sem coração" e "de imaginação tímida", que envenena e é envenenado pelo espelho da lua, de forma que o próprio instrumento de reflexão é danificado pelo olho de um basilisco. Essas condições de introspecção desesperada e de especulação agourenta mostra o lado escuro da lua, onde o instinto de "virar as costas" e "voltar-se para dentro" literaliza-se num temeroso retiro do coração valente exigido para aquilo que Paracelso algumas vezes chama de "verdadeiro imaginar".

Mas os trechos-chave que relacionam anima com psique via reflexão são os seguintes: "A riqueza da psique humana e seu caráter essencial provavelmente são determinados por esse instinto reflexivo" (CW 8, §242). Assim, psique é principalmente uma consequência do instinto de reflexão, o qual por sua vez está intimamente ligado com o arquétipo da anima. "Através da reflexão, a 'vida' e sua 'alma' são abstraídas da Natureza e dotadas de uma existência à parte" (CW 11, §235). A anima é tanto o arquétipo da vida quanto o da alma, assim diferenciados do "apenas natural" (procriação, Mãe Natureza biológica), de forma que ela seria o arquétipo que tanto representa a abstração através da reflexão quanto personifica a vida e a alma numa forma refletida. Anima é a natureza agora consciente de si mesma através da reflexão. Ou, como afirma Jung (ibid., §235, n. 9); "reflexão é um ato espiritual que vai contra o processo natural; um ato por meio do qual paramos, trazemos algo à mente, formamos um quadro, criamos uma relação e chegamos a um acordo com aquilo que vimos. Deveria dessa maneira ser compreendida como um ato de *tornar-se consciente*".

Importantes consequências emergem dessas passagens. Elas indicam nada menos do que uma visão totalmente diferente da base arquetípica da consciência. Se "tornar-se consciente" tem suas raízes na reflexão e se esse instinto refere-se ao arquétipo da anima, então a própria

(a) A anima é... um arquétipo natural que engloba satisfatoriamente todas a afirmações do inconsciente, da mente primitiva, da história da linguagem e da religião... É sempre um elemento *a priori* em seus humores, reações, impulsos e naquilo tudo que é espontâneo na vida psíquica. É algo que vive por si, e que nos faz viver; é uma vida atrás da consciência que não pode ser completamente integrada a ela, mas da qual, ao contrário, emerge a consciência.

CW 9, i, §57

consciência poderia ser mais apropriadamente concebida como tendo sua base na anima e não no ego.

Já ouvimos Jung sugerir isso ao falar sobre anima que "ela é uma vida atrás da consciência... da qual... a consciência emerge" (CW 9, i, §57).[a] Ele aprofunda essa noção ao discutir a ideia primitiva de que "o nome de um indivíduo é a sua alma" (CW 8, §665), o que "significa nada menos que a consciência do ego ser reconhecida como sendo uma expressão da alma". Ele diz ainda que (ibid., §668) "o sentido de 'Eu' – a consciência do ego – surge da vida inconsciente". E a vida da qual ele fala nessas passagens é "alma". Novamente (CW 14, §129), quando ele diz: "nossa consciência brota de um corpo escuro, o ego", "cheia de obscuridades insondáveis", um "espelho no qual a inconsciência torna-se ciente de sua própria face", encontramos uma descrição semelhante à de anima. Esse tipo de ego é reflexivo; é um complexo de opostos; e, como a anima, é definido como uma "personificação do próprio inconsciente". Ainda em uma outra passagem significativa Jung contrasta ego e anima como as bases da consciência. Ao comentar sobre um texto chinês, ele nota que lá a "consciência (ou seja, consciência pessoal) vem da anima" e diz que o Oriente "vê a consciência como um efeito da anima" (CW 13, §62). Aqui, as duas bases arquetípicas contrastam em termos da fantasia Oriente-Ocidente.

O ego como a base da consciência sempre foi um anacronismo da psicologia analítica.[29] É uma verdade histórica que nossa tradição ocidental tem identificado ego com consciência, uma identificação que encontrou sua formulação especialmente na psicologia e na psiquiatria do século XIX. Mas essa parte do pensamento de Jung não se encaixa bem nem com sua noção de realidade psíquica nem com seus objetivos terapêuticos da consciência psíquica. O que traz a cura é uma consciência arquetípica (mediada pela anima, como já vimos em outras passagens), e essa noção de consciência definitivamente não está baseada no ego:

> É como se, no clímax da doença, os poderes destrutivos fossem convertidos em forças de cura. Isso é realizado pelos arquétipos que despertam para uma vida independente e que tomam as rédeas da personalidade psíquica, suplantando assim o ego e suas lutas e desejos fúteis... a psique despertou para a atividade espontânea... alguma coisa que não é o seu ego, e que está portanto além do alcance da sua

(a) A consciência consiste da relação entre um conteúdo psíquico e o ego. Tudo o que não está associado ao ego permanece inconsciente.

CW 14, §522, n. 400 (cf. CW 14, §131, n. 68)

(b) Quando, então, um alquimista invocava o espírito de Saturno como algo conhecido seu, isso era uma tentativa de trazer para a consciência um ponto de vista exterior ao ego, implicando relativização do ego e de seus conteúdos.

CW 14, §504 (cf. CW 9, ii, §11)

... existem boas razões para o preconceito de que o ego é o centro da personalidade, e de que o campo da consciência é a psique *per se*... Foi somente a partir do final do século XIX que a psicologia moderna descobriu as bases da consciência demonstrando empiricamente a existência de uma psique extraconsciente. Essa descoberta relativizou a posição até então absoluta do ego, quer dizer, ele é parte da personalidade, mas não representa a sua totalidade.

CW 9, ii, §11

vontade pessoal. Ele recuperou o acesso às fontes da vida psíquica, e isso marca o começo da cura. (CW 11, §534)

Todo o sentido do trabalho de Jung afasta-se do ego e dirige-se para uma ampliação da consciência que reflete e se enraíza em outros dominantes psíquicos – ainda que nos últimos trabalhos ele use "a palavra 'consciência' aqui como sendo equivalente a 'ego'" (CW 14, §131, n. 68).[a] Essa equivalência requer uma série de operações compensatórias; por exemplo, o sacrifício do intelecto, o desenvolvimento da quarta função, o desenvolvimento da anima, a introversão, a alteração da consciência na segunda metade da vida e seu foco na morte, tudo isso, sintetizado como "a relativização do ego",[b] para o bem da "consciência psíquica".[30] Mas esse último é precisamente uma consciência estruturada pelo arquétipo da anima.

Afasto-me aqui da análise que Onians faz de *anima* no contexto romano e sigo Jung e Bachelard. Diz Onians: "*anima* não tem nada a ver com consciência". Muito do que geralmente queremos dizer por consciência hoje pertence ao *animus*: "A consciência, com todas as variações de emoção e pensamento, é uma questão do *animus*. Considerar uma ação é 'tê-la em seu animus'; voltar sua atenção para alguma coisa... é 'dirigir o *animus* para aquilo'; ... sentir-se desfalecer, estar prestes a perder a consciência, era... 'passar mal com seu próprio *animus*'". "A *anima* era genética"[31] e, portanto, um termo muito mais vago, relacionado com ares de todos os tipos, localizada na cabeça. Mas, segundo Jung, todo arquétipo, ao formar um padrão de comportamento e uma série de imagens, informa a consciência e possui um tipo de consciência. Se a consciência é definida, como o é hoje, e como Onians a vê, ou seja, principalmente como atenção e como a experiência autorreferente, é mais uma consciência do ego e, como sugerimos acima, está mais associada com animus do que com anima. A afirmação de Onians com relação a Roma: "A *anima* não tem nada a ver com consciência", só se aplica ao termo "anima" de hoje se modificarmos sua afirmação para significar: a anima não tem nada a ver com certo estilo de consciência, a saber, consciência do ego. Da mesma forma, Bachelard dá à anima a consciência das imagens, dos devaneios e das profundidades (e muito mais) e atribui ao animus "projetos e preocupações", ou aquilo que normalmente chamamos 'consciência' (do ego). "Animus é um burguês com hábitos comuns" novamente refere-se à continuidade do ego e sua adaptação à "realidade".[32]

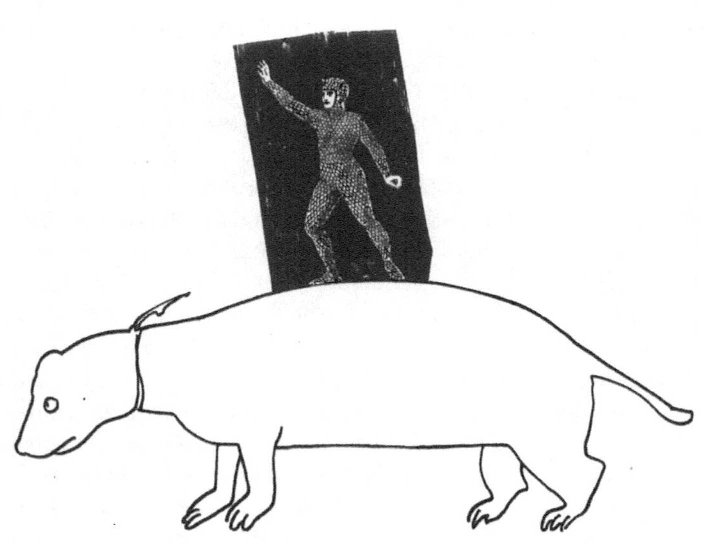

A "relativização do ego", trabalho e objetivo da fantasia de individuação, torna-se possível, no entanto, desde o começo, se deslocarmos nossa concepção da base da consciência, de ego para o arquétipo da anima, do Eu para a alma. Então percebemos desde o princípio (*a priori* e por definição) que o ego e todas as suas fantasias de desenvolvimento nunca foram, nem no começo, o fundamento da consciência, porque consciência refere-se a um processo que tem mais a ver com imagens do que com vontade, com reflexão do que com controle, com um *insight* reflexivo da "realidade objetiva" do que com a manipulação dessa realidade. Não mais estaremos equacionando consciência com uma fase dela, o período de desenvolvimento da juventude e sua mitologia de luta heroica. Então, enquanto educamos a consciência mesmo na juventude, também o objetivo de nutrir a anima não seria menos importante do que o fortalecimento do ego.

Em vez de encararmos anima do ponto de vista do ego, onde ela se torna um humor pernicioso, uma fraqueza inspiradora ou uma compensação contrassexual, devemos encarar o ego da perspectiva da alma, onde o ego torna-se um instrumento para a batalha do dia a dia, nada mais grandioso do que um confiável zelador das casas planetárias, um servo do cultivo da alma. Essa perspectiva pelo menos dá ao ego um papel terapêutico, em vez de forçá-lo a uma posição antiterapêutica, um velho rei teimoso a ser relativizado. Então também poderíamos relativizar o mito do Herói, ou encará-lo como aquilo que ele se tornou hoje para a nossa psique – o mito da inflação – e não a chave secreta para o desenvolvimento da consciência humana. O mito do Herói conta a história de conquistas e destruição, a história do "ego forte" da psicologia, de seu fogo e espada, bem como a corrida da sua civilização, mas conta pouco da cultura da sua consciência. Estranho que, numa psicologia tão sutil como a de Jung, ainda pudéssemos acreditar que esse Rei-Herói, e seu ego, seja o equivalente da consciência. Imagens dessa equivalência psicológica foram mostradas na televisão ao vivo e em cores com cenas desse grande épico contemporâneo do ego heroico no Vietnã. Será isso consciência?

Basear a consciência na alma está de acordo com a tradição neoplatônica – que ainda encontramos em Blake –, na qual aquilo que hoje é chamado de consciência do ego seria a consciência da caverna platônica, uma consciência enterrada em perspectivas menos atentas. Esses hábitos, conexões e organizações rotineiras da personalidade certamente não

(a) ... só uma pequena minoria encara o fenômeno psíquico como uma categoria de existência *per se*, daí tirando as conclusões necessárias. É realmente paradoxal que a categoria de existência, o *sine qua non* indispensável a toda existência, a psique, devesse ser tratada como se fosse apenas semiexistente. A existência psíquica é a única categoria da existência da qual temos conhecimento *imediato*, já que nada pode ser conhecido a menos que primeiro apareça como uma imagem psíquica.

CW 11, §769

podem abarcar a definição de consciência, um mistério que ainda confunde todas as áreas de pesquisa. Colocá-la junto com o ego limita a consciência às perspectivas da caverna, que hoje poderíamos chamar de falácias literalista, personalista, praticalista, naturalista, humanista. Do ponto de vista da psicologia tradicional (do neoplatonismo), a consciência do ego não merece, de modo algum, ser chamada de consciência.

A consciência que surge da alma deriva de imagens e poderia ser chamada de imaginal. De acordo com Jung a "imagem psíquica"[a] é condição "sine qua non" para qualquer consciência. "Todo o processo psíquico é uma imagem e um 'imaginar'; de outra forma não poderia existir nenhuma consciência..." (CW 11, §889). Por um lado, uma imagem é o reflexo interno de um objeto externo. Por outro, e é assim que Jung prefere usar a palavra, as imagens são o próprio material da realidade psíquica. Imagem é "um conceito derivado do uso poético, a saber, uma figura de fantasia ou uma *imagem de fantasia*" (CW 6, §743). Imagens são "internas", "arcaicas", "primordiais"; sua origem fundamental está nos arquétipos, e sua expressão apresenta-se mais caracteristicamente na formulação do mito. A consciência que surge da anima iria, portanto, olhar para o mito, na maneira como ele se manifesta nos mitologemas dos sonhos e fantasias e nos padrões de comportamento; enquanto a consciência do ego adquire sua orientação dos literatismos da perspectiva egoica, isto é, daquela fantasia que ele define como "realidade".

Porque as imagens de fantasia oferecem a base da consciência, recorremos a elas para um entendimento básico. "Tornar-se consciente" significaria então tornar-se consciente das fantasias e reconhecê-las em *toda a parte*, e não apenas num "mundo de fantasia" separado da "realidade". Principalmente, desejaríamos reconhecê-las à medida que surgem naquele "espelho no qual o inconsciente percebe sua própria face" (CW 14, §129), o ego, suas estruturas de pensamento e noções práticas de realidade. Imagens de fantasia tornam-se o instrumental da percepção e do *insight*. Por meio delas podemos perceber melhor aquilo sobre o que Jung tanto insistiu: a psique é o sujeito das nossas percepções; sujeito que percebe através da fantasia, em vez de ser o objeto de nossas percepções. Em vez de analisar fantasias, analisamos por meio delas; e traduzir a realidade em imagens de fantasia definiria melhor o tornar-se consciente do que a

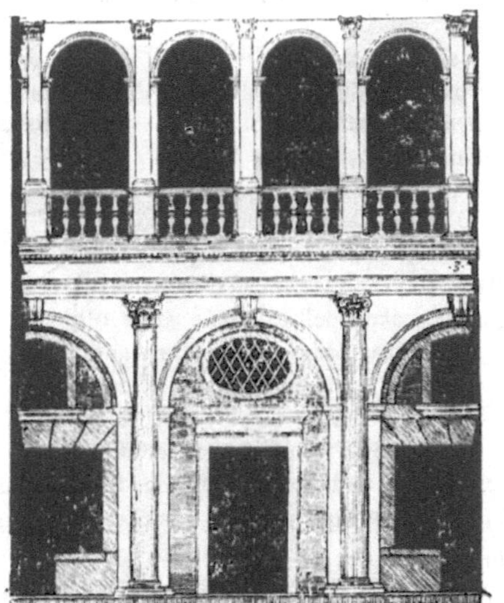

noção anterior dada pelo ego de traduzir fantasia em realidades. "A psique cria realidade todos os dias. O único nome que posso usar para essa atividade é *fantasia*" (CW 6, §78).

Mais especificamente, as fantasias que surgem de nossas ligações e que propiciam *insights* sobre elas estariam se referindo à consciência de anima. Porque a anima aparece em nossas afinidades, como o *fascinosum* de nossas atrações e obsessões, é aqui, onde nos sentimos mais pessoais, que essa consciência melhor mitologiza. É uma consciência atada *à vida*, tanto no nível da alma vegetativa, vital, como costumava ser chamada (agora chamada de sintoma psicossomático), quanto no nível de qualquer tipo de envolvimento, desde as paixões mais triviais, fofocas, até os dilemas filosóficos. Embora a consciência baseada na anima seja inseparável da vida, da natureza, do feminino, bem como do destino e da morte, isso não quer dizer que essa consciência seja naturalista ou fatalista, sobrenatural e sombria, ou particularmente "feminina". Quer simplesmente dizer que nesses campos ela acontece; que estas são as metáforas às quais ela está ligada.

A ligação torna-se um termo mais significativo na consciência anímica do que aqueles mais culpabilizantes e, portanto, referentes ao ego, termos como compromisso, relação e responsabilidade. Na verdade, a relativização do ego implica deixar suspensas metáforas tais como: escolha e luz, resolução de problemas e teste de realidade, reforço, desenvolvimento, controle, progresso. Em seu lugar, como descrições mais adequadas da consciência e de suas atividades usaríamos metáforas mais familiares à alquimia da prática analítica: fantasia, imagem, reflexão, *insight*, e, também, espelhar, conter, cozinhar, digerir, ecoar, fofocar, aprofundar.

PARTE II

"... não pode haver consciência sem a percepção das diferenças."

CW 14, §603

Pode-se ainda perceber outras diferenças na noção de anima que ajudariam a nos tornar mais conscientes sobre o que estamos dizendo e fazendo, e até experimentando, com relação a esse arquétipo. Aqui, mais uma vez, estou delineando uma diferença entre anima como experiência, ou uma fenomenologia *empírica*, e anima como noção, ou uma fenomenologia *crítica*, totalmente convencido de que em psicologia não podemos fazer observações sobre nenhum fenômeno sem a consciência das ideias por meio das quais fazemos nossas observações. Ideias que não sabemos que temos nos têm. Então elas moldam nossas experiências por trás, desavisadamente. O trabalho da psicologia, a meu ver, é enxergar o fator subjetivo, arquetípico em nossas perspectivas, antes ou mesmo enquanto olhamos para os fatos e eventos. Outras ciências precisam fingir que são objetivas, fingir que descrevem as coisas como elas são; felizmente, a psicologia está sempre confinada pelas suas limitações psíquicas e pode dispensar a pretensão da objetividade. Em lugar da obrigação de ser objetivamente factual, ela é obrigada a ser subjetivamente atenta, o que só se torna possível se estivermos dispostos a uma investida exaustiva às suposições contidas em nossas noções básicas.

6. Anima e Despersonalização

No final do capítulo anterior, várias citações de Jung enfatizaram a diferença entre a consciência de anima e a consciência egoica, indicando a confiança do ego sobre um fator atrás dele, a anima. Nessas passagens está implícito que o sentido de identidade pessoal é dado não pelo ego, mas para o ego pela anima. Essas citações são relevantes para a compreensão daquela condição clínica chamada "despersonalização".

Embora os manuais de psiquiatria normalmente tragam nada mais do que uma frase ou um parágrafo sobre despersonalização (às vezes chamada desrealização), há, como sempre, uma vasta literatura sobre o assunto. Uma coleção de textos básicos sobre o tema foi editado por J.-E. Meyer, *Depersonalization* (Darmstadt: Wissenschaftliche Buchgesellschaft, 1968), com os capítulos escritos em inglês especialmente traduzidos para o alemão. Uma pletora de casos serve como exemplos, e a maioria dos textos inclui amplas referências.

A coleção começa com um longo ensaio de Dilthey sobre a crença na realidade do mundo exterior (*Ges. Schrift.* V, pp. 90-135) e continua com um importante estudo realizado por Paul Schilder (1914), que ofereceu a base para grande parte das discussões posteriores. Aqui está minha tradução da definição de Schilder (Meyer, p. 46*):

> Uma condição na qual o indivíduo se sente totalmente diferente de um jeito de ser anterior. Essa mudança inclui tanto o ego quanto o mundo externo e tem como resultado o fato de o indivíduo não se reconhecer como uma personalidade. Suas ações parecem-lhe automáticas. Como um expectador, ele observa suas atividades e feitos. O mundo externo aparece alienado e novo e perdeu sua realidade.

Uma pessoa diz: "Eu não sou eu", ou "Sinto que não sou de fato uma pessoa".[33]

---

* Todas as referências de página nesta seção, salvo outras indicações, são de *Depersonalization*.

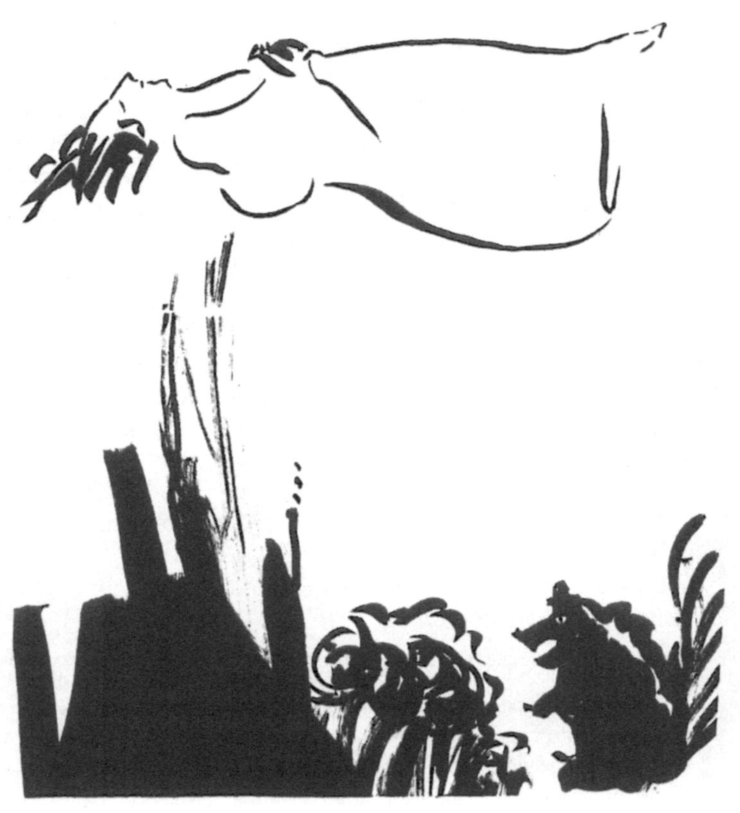

Tendo em mente a noção de anima, vamos rever as principais características de despersonalização. *Primeiro*, não é específica de nenhuma síndrome. Ela é relatada em estados tóxicos, na epilepsia e em doenças cerebrais orgânicas, bem como em pessoas normais, tanto na puberdade como na velhice, e na histeria, na melancolia, na ansiedade, nas fobias neuróticas e compulsões, bem como na esquizofrenia e nas psicoses maníaco-depressivas. Não há um padrão de tempo determinado; às vezes dura muito, outras vezes é efêmera. Parece ser central e geral, não periférica; autores voltados para o estudo do cérebro tentam localizá-la. *Segundo*, muitos autores consideraram a despersonalização como um distúrbio da relação ego-mundo, especialmente a relação que constitui o sentido de realidade de ambos: o indivíduo despersonalizado sente que não apenas ele não é real, mas que também o mundo não é real. O mundo está atrás de um véu, ou de uma parede de vidro; ali e não realmente ali. *Terceiro*, parece ocorrer particularmente em situações de monotonia, de apatia, de rotina, com uma enorme carência de estímulos sensoriais. Experiências tornam-se meros eventos e não mais significam "eu" (*Meinhaftigkeit*, K. Schneider, pp. 256-59). *Quarto*, segundo Janet, o sintoma aparece na personalidade de tipo astênico ou psicastênico. Tem a ver com labilidade psíquica, aquilo que hoje chamamos de inseguro, vago, aéreo. Esse tipo não desapareceu com Janet mas parece existir hoje num grupo descrito por M. Roth (1960). São rapazes, com vinte e poucos anos, neuróticos compulsivos e atormentados introvertidos que são também altamente inteligentes e que têm descrições fascinantes de suas experiências de despersonalização, Roth (p. 380) raramente encontra despersonalização em mulheres, e no caso em conexão com histeria.* *Quinto*, com o esvaziamento do "Eu", há uma transformação do mundo: ele perde seu caráter estético, fisiognomônico e empático. Não é mais pessoalmente significativo; não há "importância", no sentido de A. N. Whitehead. Há uma perda do sentido de tempo, da percepção profunda e da perspectiva visual. Aqui e ali, perto e longe se misturam; o mundo se torna bidimensional (B. Kimura, 1963, p. 394).

Schilder mostra que a experiência da despersonalização *não* depende de nenhuma função comum da consciência egoica: memória, percepção, associação, sentimento, pensamento, vontade. Tudo isso permanece intacto,

* Sobre a relação da histeria com a figura anímica da Cora, veja Niel Micklem, "On Hysteria: The Mystical Syndrome", *Spring 1974*, pp. 147-65.

(a) O instinto de reflexão talvez constitua a nota característica e a riqueza da psique humana.

CW 8, §242

Através da reflexão, a "vida" e sua "alma" são abstraídas da Natureza e dotadas de uma existência separada. (A reflexão é um ato espiritual que acontece contrariamente ao processo natural; ... deveria, portanto, ser entendida como um ato de *tornar-se consciente*.)

CW 11, §235, n. 9

(b) .... o enxofre é a alma... de todas as coisas vivas; ... é o equivalente à "nostra anima" (nossa alma)... Da mesma maneira, Paracelso chama o enxofre de alma.

CW 14, §136

A cor verde atribuída ao enxofre é algo que ele possui em comum com Vênus...

CW 14, §140, n. 124

(c) ... perda da anima implica... resignação, imundície, enfado, irresponsabilidade...

CW 9, i, §147

mas sua intenção e vitalidade são relativizadas por um fator independente, que foi chamado de "coeficiente pessoal" (p. 118). De fato, a despersonalização reduz o ego à sua mais nua definição do dicionário: "a experiência que o indivíduo tem de si mesmo".[34] Todas as funções da consciência, incluindo o próprio ego, estão ali funcionando, mas o sentido pessoal de ser, a interioridade subjetiva, o sentido de "eu-mesmo", desapareceu, e com essa ausência também se perde o sentido do mundo. Gebsattel (p. 244) vê nessa perda e nessa ausência um "vazio" e um "abismo" existencial.

Esses aspectos mais evidentes da despersonalização são relevantes para a nossa busca da anima. De acordo com Jung, é a anima que provê a relação entre o homem e o mundo, bem como entre o homem e sua subjetividade interior. Ela é de fato a personificação daquela interioridade e subjetividade, o próprio sentido de personalidade: "o homem recebe sua personalidade humana... sua consciência de si como uma personalidade... primeiramente da influência de arquétipos quase pessoais" (CW 5, §388). Mas é particularmente o arquétipo da anima que torna possível a experiência *como pessoal*, como vimos no Capítulo 5, "Anima e Psique".

Lá vimos também que anima refere-se ao instinto reflexivo que Jung associa com a base da consciência;[a] e ele a define como arquétipo da vida, como a personificação que inconscientemente envolve-nos com coletividades mais amplas, tanto do mundo interno como do mundo externo. Nesse sentido, Jung frequentemente fala da anima como o fator projetivo, o Shakti e o Maya que dão vida à pessoa. Na alquimia, o fulgor ativo do enxofre pode representar a anima,[b] como o verde, cor da natureza, da esperança e da vida (Capítulo 2).

Essa condição pode ser distinguida da depressão uma vez que a despersonalização não é tanto a inibição de funções vitais e o estreitamento do foco, mas sim uma perda do envolvimento pessoal e da ligação com o "self" e com o mundo. Parece funcionar um arquétipo diferente do que na depressão. Como notou Roth com seus rapazes, há uma curiosa habilidade de observar sua própria condição acoplada a uma introspecção mórbida do ego em busca da alma. Todos nós podemos ter experimentado a despersonalização e a desrealização num grau menos extremo. Refiro-me àqueles estados de apatia, de monotonia, de aridez e de resignação, o estado de não se importar com nada e de não acreditar no seu próprio valor, que nada é importante ou que tudo é vazio, fora e dentro. Jung atribui estados como esses ao arquétipo da anima.[c] Agora podemos

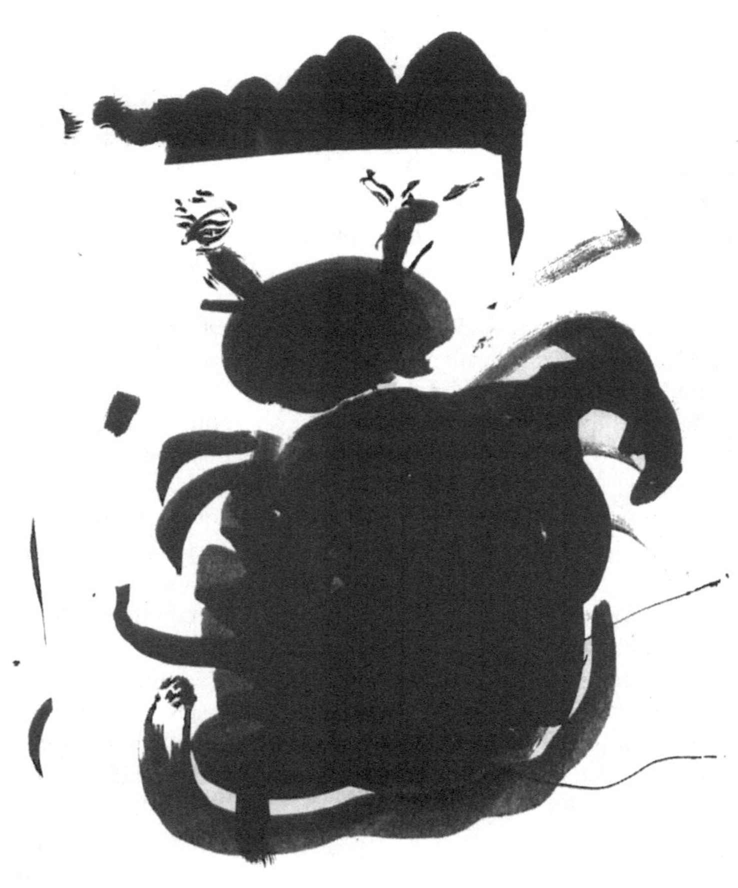

encarar isso não tanto como um estado de anima "negativo" mas como uma leve despersonalização, uma perda de alma, ou o que Jung chamou de "perda permanente de anima" (CW 9, i, §147).

Perda de anima é comum no final de um caso de amor. Há uma perda da vitalidade e da realidade, não apenas em relação à outra pessoa, ao caso e ao amor, mas também em relação a si mesmo e ao próprio mundo. "Nada mais parece real." "Sinto-me morto, vazio, mecânico como um robô." Acontece com homens e mulheres: a alma perdida de Deméter, quando Cora é capturada por um poder escuro e invisível, leva todo o mundo natural a uma parada.

Há uma passagem em Jung que é especialmente relevante para a ideia de Schilder a respeito do coeficiente pessoal perdido. Sobre a anima, diz Jung (CW 9, i, §57):

> É um fator no sentido próprio do termo. O homem não pode fazê-lo; ao contrário, é sempre um elemento *a priori* em seus humores, reações, impulsos e em qualquer outra coisa que seja espontânea na vida psíquica. É algo que tem vida própria, que nos faz viver; é uma vida atrás da consciência que não pode ser completamente integrada a ela, mas da qual, ao contrário, a consciência surge.

Essa afirmação está de acordo com a noção de *anima* na Roma Latina,[35] onde anima tinha a conotação de um sopro de alma, uma força generativa na cabeça, associada com o *genius* individual de cada um (ou o *daimon* pessoal no sentido grego). *Anima* não se referia às funções específicas da consciência (pensar, querer, perceber, sentir etc.), nem tampouco ao registro das experiências (atenção), funções e atividades que mais tarde tornaram-se ego. *Anima* significava algo mais profundo do que isso, e portanto era um termo, assim como o grego antigo *psyché* e o egípcio *ba*, que também se referia à alma à parte da vida (em relação com a morte). *Anima* era a força genérica mais profunda por trás das funções conscientes específicas da vida, bem ao modo como Jung a descreve na passagem acima. Uma ausência de anima afetaria menos as funções da consciência do que o *daimon* ou o *genius* pessoal (agora tecnicamente chamados de "coeficiente pessoal").

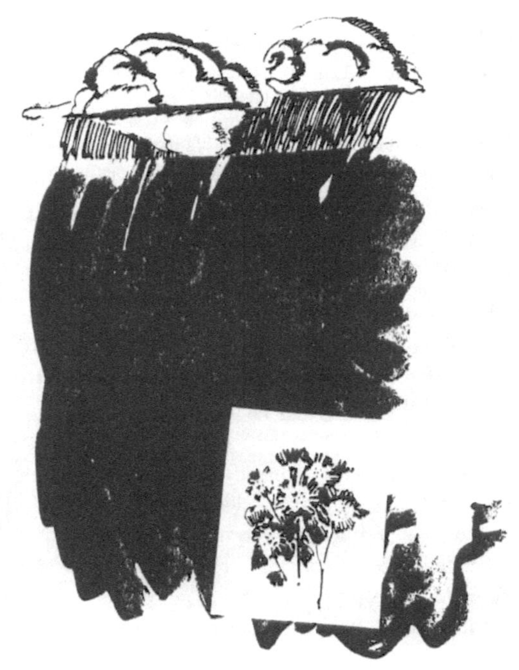

(a) A anima nada mais é que a representação da natureza pessoal do sistema autônomo em questão.

CW 13, §61

A despersonalização apresenta uma incrível semelhança com aquilo que a antropologia chamou de "perda da alma". E de fato "despersonalização" é "também uso de uma filosofia do universo, a qual não mais encara as forças naturais como manifestações de agentes sobrenaturais ou deuses".[36] Perda de anima significa tanto perda da animação interna quanto do animismo externo.

Como tentei apresentar em minha palestra sobre "Personificação",[37] nas "Terry Lectures", o hábito natural da alma de personificar é a base do animismo, do antropomorfismo e das personificações da linguagem, da poesia e do mito; ela é a base dos sonhos e da nossa experiência das figuras divinas. Nosso sentido de personalidade, nossas ligações com pessoas, nossas crenças na imortalidade pessoal e nosso culto dos relacionamentos e desenvolvimentos pessoais – tudo isso baseia-se na personificação, a qual por sua vez é um efeito do arquétipo da anima.

A ausência da anima mostra a imensurável profundidade da alma, aquela característica fundamental da psique, de acordo com Heráclito,[38] revelando essas profundezas como um abismo. Foram-se não apenas o guia e a ponte, mas também a possibilidade de uma conexão pessoal por meio de representações personificadas. Pois é através da anima que os sistemas autônomos da psique são experimentados numa forma personificada.[a] Sem ela, as profundezas tornam-se um vazio, como diz o existencialista Von Gebsattel. Isso acontece porque a anima que "personifica o inconsciente coletivo" (CW 10, §714 e outras passagens mencionadas no Capítulo 8) não está ali para mediar as profundezas em imagens personificadas com intenções pessoais. Ao mesmo tempo, o mundo lá fora é percebido sem a sua profundidade, perdendo perspectiva, tornando-se bidimensional e sem alma.

Essa perda não é apenas uma condição psiquiátrica; é também uma cosmologia. Vivemos num estado de despersonalização mais tempo do que percebemos. Daí que o trabalho com anima – inclusive eu escrever e você ler – por ser ao mesmo tempo um trabalho com a *anima mundi* moribunda, é uma tarefa nobre. O autoconhecimento que a psicologia profunda oferece não é suficiente se as profundezas da alma do mundo são negligenciadas. Um autoconhecimento que se baseia numa cosmologia que declara que o mundo mineral, vegetal e animal além da pessoa

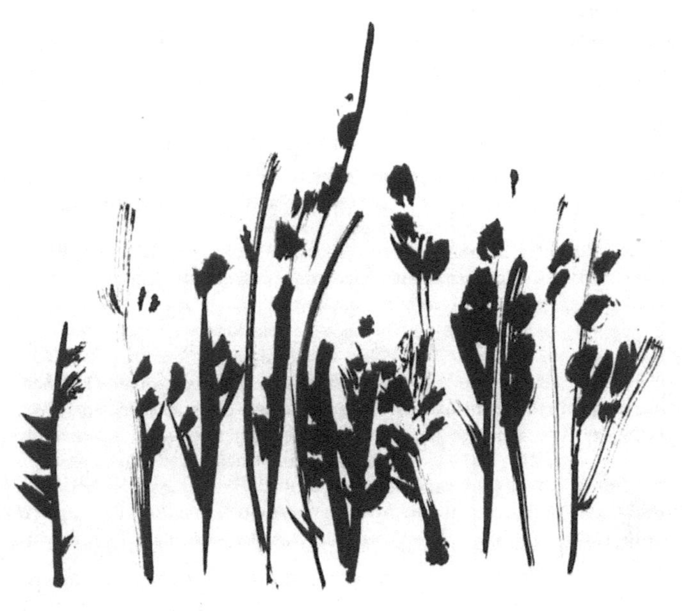

(a) Os deuses tornaram-se doenças...

CW 13, §54

humana é impessoal e inanimado não é apenas inadequado. É também ilusório. Não importa quão bem a gente se conheça, permaneceremos fantasmas que andam e falam, cosmologicamente colocados à parte de outros seres de nosso meio. Desde Platão, passando pelos alquimistas, para quem Jung se volta, e para o próprio Jung, não era apenas a anima pessoal que contava, mas também a *anima mundi* (CW 8, §393). O trabalho sobre si mesmo almeja abrir os sentidos e o coração para a vida e para a beleza de um mundo animado. A posição filosófica de Jung de estar na alma ou, em outras palavras, que não é a psique que está no homem mas o homem que está na psique, mantém a antiga conexão e a antiga preocupação com a *anima mundi*; e o sentido animado que as coisas têm para Jung em Bollingen revelam essa posição como sua *Lebensphilosophie*.* Até mesmo seus escritos conceituais, que requerem ideias animadas como sombra, *trickster*, ou o velho sábio, protegem seu pensamento do mundo chato, desalmado e despersonalizado da psicologia acadêmica. Ao falar de alma e anima, ele nunca permite a ambiguidade, defendendo-se dessa forma da tentação luciférica da iluminação através da divisão, que faria uma distinção precisa entre os processos internos na minha alma e os da *anima mundi*, resultando numa simplicidade de significado, o sono de Newton.

Em suma, se a essência da despersonalização pode ser condensada na ausência do coeficiente pessoal, acredito que tenhamos localizado a pessoa desaparecida na anima – mas apenas na noção de anima. Como recapturá-la em terapia é um outro problema.

Mas para onde olhar também nos diz algo sobre como olhar. Ao relacionar arquétipo e sintoma temos uma ideia sobre em que altar localizar a queixa – há Deuses em nossas doenças, sugere Jung,[a] e, portanto, podemos relacionar nossa doença a eles. Relacionar o arquétipo da anima com o sintoma da despersonalização poderia ocorrer com a revivificação das imagens. Numa condição de alguma maneira semelhante na qual "o mundo do paciente tornou-se frio, vazio e cinza", Jung voltou-se para a fantasia porque: "A libido nunca pode ser apreendida

* Filosofia da vida. (N.T.)

(a) Em vez de ele [o homem ocidental] se deixar convencer mais uma vez de que o *daemon* é uma ilusão, ele deve experimentar mais uma vez a realidade dessa ilusão... Suas tendências dissociativas são verdadeiras personalidades psíquicas que possuem uma realidade diferenciada... A personificação nos permite enxergar a realidade relativa do sistema autônomo, e não só torna possível sua assimilação, mas também despotencializa as forças demoníacas da vida.

CW 13, §55

A luz que aos poucos nasce nele [no homem moderno] consiste na sua compreensão de que sua fantasia é um processo psíquico real que acontece nele... Mas se reconhecer seu próprio envolvimento, você mesmo deverá penetrar no processo com suas reações pessoais, como se você fosse uma das figuras de fantasia, ou como se o drama representado diante de seus olhos fosse real. É uma verdade psíquica que essa fantasia esteja ocorrendo, e é tão real quanto você – como uma entidade psíquica – é real. Se essa operação tão crucial não for levada adiante, todas as transformações são abandonadas ao fluxo das imagens, e você mesmo permanecerá imutável.

CW 14, §753

Por décadas, sempre voltei-me para a anima quando senti que meu comportamento emocional estava perturbado, e que algo tinha sido constelado no inconsciente. Eu então perguntava à anima: "O que é que você quer? O que você vê? Eu gostaria de saber". Depois de resistir um pouco, ela normalmente produzia uma imagem. Tão logo aparecesse uma imagem, o desassossego e a sensação de opressão desapareceriam. Toda a energia dessas emoções era transformada em interesse e em curiosidade sobre a imagem. Eu falava com a anima sobre as imagens que ela me transmitia...

MDR, pp. 187-88

exceto numa forma definida; o que significa dizer que ela é idêntica às imagens da fantasia" (CW 7, §345). A imaginação é o terreno próprio da anima: "imagem *é* psique", diz Jung (CW 13, §75). (Essa relação entre anima e fantasia foi discutida no Capítulo 5, e a relação entre alma e imaginação foi tema de artigos de Casey, Corbin, Durand, Whitmont e Woolger em números da revista *Spring* no começo dos anos 1970).

A revivificação das imagens reconstrói a crença pessoal por meio da crença num mundo personificado com intenções pessoais e confiança em si mesmo como um portador de personalidades interiores. Grinnell (*Spring*, 1970) chamou isso de "fé psicológica". Como ele demonstrou no caso de Jung – seu sonho da garotinha e a pomba –, fé na psique e em si mesmo enquanto personalidade é um efeito particular da anima. A anima tem esse efeito por meio da apresentação de imagens, isto é, como mostra Grinnell, no caso de Jung, depois da ruptura com Freud e de sua crise, Jung torna-se Jung através de seu encontro com a imaginação. A vivificação das imagens conduziu-o à sua fé psicológica, à sua posição psicológica pessoal e ao seu sentido de personalidade. Mas qualquer método terapêutico que busca restaurar um mundo animado, repersonalizado, deve constelar – e no próprio terapeuta – o sentido da realidade suprema da imagem personificada.[a]

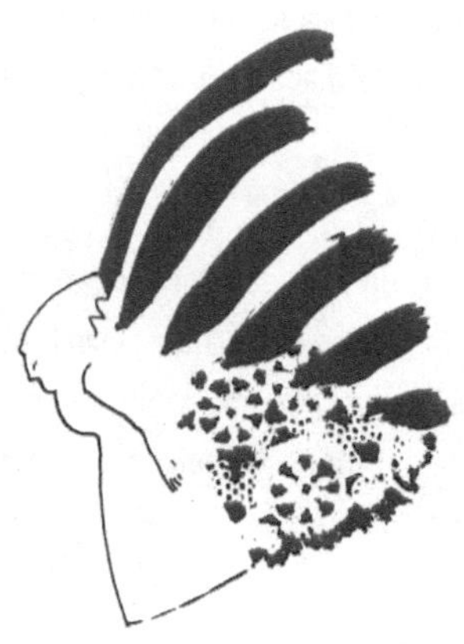

(a) ... anima e animus são complexos autônomos que constituem uma função psicológica do homem e da mulher. Sua autonomia e falta de desenvolvimento usurpa, ou melhor, retém o pleno desabrochar de uma personalidade. Entretanto, já podemos antever a possibilidade de destruir sua personificação, pois conscientizando-os podemos convertê-los em pontes que nos conduzam ao inconsciente. Se não os utilizarmos intencionalmente como funções, continuarão a ser complexos personificados e, nesse estado, terão de ser reconhecidos como personalidades relativamente independentes. Por outro lado, não podem ser integrados à consciência enquanto seus conteúdos permanecerem desconhecidos. O propósito do processo dialético é trazer à luz seus conteúdos; só quando essa tarefa for cumprida, isto é, só quando a consciência familiarizar-se suficientemente com os processos inconscientes refletidos na anima, esta última será percebida como uma simples função.

CW 7, §339

Na medida em que o paciente desempenha uma parte ativa, a figura personificada pela anima ou pelo animus tenderá a desaparecer, tornando-se a função de relação entre o consciente e o inconsciente...

CW 7, §370

... a meta imediata foi alcançada: a conquista da anima como complexo autônomo e sua transformação numa função de relação entre o consciente e o inconsciente.

CW 7, §374

O objetivo imediato da análise do inconsciente é alcançar um estado em que os conteúdos inconscientes não permaneçam como tais e não continuem a exprimir-se indiretamente como fenômenos da anima e do animus, mas se tornem uma função de relação com o inconsciente... Com isso termina o fenômeno da anima.

CW 7, §387

7. Integração da Anima

Um dos trechos de Jung leva-nos a acreditar que em algum momento a personificação chega a um fim e a um fim até mesmo desejado. A implicação é clara: integração na consciência significa converter a pessoa numa função.[a] Significa também deslocar-se da imagem para o conteúdo, da imediação sensorial das fantasias para a psicologia dos significados. Pois a anima apresenta-se nas fantasias, em vez de nos significados. Está implícito que a anima como função é superior à anima personificada. Outras confirmações da ideia da integração da anima como o "fim das personificações" podem ser extraídas de outros trechos

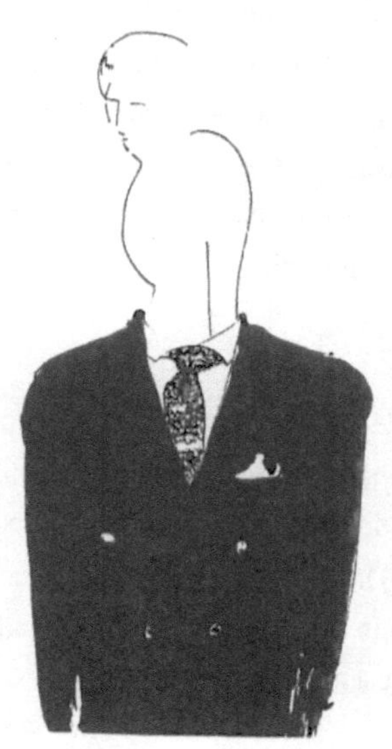

(a) A dissolução da anima significa que se compreendeu enfim as forças propulsoras do inconsciente, mas não que as tenhamos tornado ineficazes.

CW 7, §391

(b) Não somos nós que as personificamos **[**as figuras inconscientes**]**; desde o princípio, elas têm uma natureza pessoal. Só quando isso for totalmente reconhecido poderemos pensar em despersonalizá-las, em "subjugar a anima"...

CW 13, §62

(c) A anima inconsciente é uma criatura sem relacionamentos, um ser autoerótico cujo único objetivo é a total possessão do indivíduo.

CW 16, §504

Sua amante surge diante dele... parecendo-lhe uma deusa no paraíso. A impressão erótica reprimida ativou a imagem primordial de deusa latente, isto é, a imagem de alma arquetípica.

Por meio do *insight* da existência real de seu desejo erótico, Hermes foi capaz de reconhecer sua realidade metafísica. A libido sensual... passou agora para sua imagem de alma e investiu-a com a realidade que o objeto reclamou exclusivamente para si. Consequentemente, sua alma poderia conseguir o que quer e fortalecer suas demandas com sucesso.

CW 6, §§383-87

(d) Depois da metade da vida, entretanto, uma perda permanente de anima significa uma diminuição da vitalidade, da flexibilidade e da bondade humanas. O resultado, via de regra, é uma rigidez prematura, rispidez, estereotipia, unilateralidade fanática, obstinação, pedantismo, ou mais ainda, resignação, cansaço, imundície, irresponsabilidade e, finalmente, um *ramollissement* com uma tendência ao alcoolismo.

CW 9, i, §147

nos quais Jung fala de "dissolução da anima",[a] de "despersonalizar" e "subjugar a anima".[b] Veja também CW 16, §504 e a longa discussão de Hermes com sua Rhoda (CW 6, §381ss.) e a antiga luta cristã com a sexualidade evocada pela anima.[c]

A noção de integração da anima na longa passagem citada acima (CW 7, §339), assim como em outras (CW 7, §374), tem um tom heroico; ela está formulada na linguagem da "conquista", da batalha, da luz e da escuridão. O processo é descrito na linguagem egoica da compensação com um tom moralista ("por não estarmos usando-as propositadamente como funções... elas permanecem como complexos personificados", CW 7, §339). Consequentemente, temos aquele antagonismo do "ego masculino *versus* o 'outro' feminino, isto é, consciente *versus* inconsciente personificado como anima" (CW 16, §434). Todo o relacionamento com a anima situa-se no mitologema do ego heroico e sua luta arquetípica com o dragão. Os esforços para a integração, "para trazer esses conteúdos à luz", tornam-se uma despotencialização das personificações e de seu poder imaginal, uma drenagem das águas, e um assassinato do anjo (que é visto como um perigoso demônio pelo ego), cujo real propósito é individualizar-se no contexto de uma relação pessoal com um indivíduo. Isso foi apontado por Corbin.[39] A imagem feminina que o herói encontra é seu anjo da guarda, não seu inimigo, e é a individualização *dela*, não a dele nem minha, que interessa à alma. Sua individualização numa personalidade distinta é precisamente o que significa cultivo da alma. Despersonificar a anima – se é que isso é de fato possível – serviria apenas a um propósito psicológico: manter o ego para sempre em sua posição heroica.

Despersonalizar a anima pode produzir danos desnecessários nas questões humanas quando essa ideia é tomada literalmente, levando a uma rejeição brutal (apresentada como nobre renúncia) e uma subsequente "diminuição da vitalidade, da flexibilidade e da bondade humana" numa série de horrores psíquicos que Jung segue descrevendo no mesmo parágrafo.[d] Toda a operação da escolha literal entre espírito e corpo, entre interno e externo, entre positivo e negativo tem sua origem na "consciência do ego", que melhor se mantém ao dar realidade a essas fantasias, forçando a oposição entre elas, suprimindo uma delas,

(a) ... pois os arquétipos são universais e pertencem à psique coletiva, sobre a qual o ego não tem controle. Assim, animus e anima são imagens que representam figuras arquetípicas que servem como mediadoras entre consciente e inconsciente. Embora possam se tornar conscientes, eles não podem ser integrados à personalidade egoica, pois que, se são arquétipos, são também autônomos.

Carta a destinatário anônimo, 2 de janeiro de 1957

(b) Defini a anima como uma personificação do inconsciente genericamente falando, e tomei-a como uma ponte para o inconsciente... Se as figuras inconscientes não são reconhecidas como agentes espontâneos, tornamo-nos vítimas da crença unilateral no poder da consciência...

CW 13, §62

(c) Juntos, eles, [anima e animus] formam um par divino, um dos quais é... mais parecido com Hermes..., enquanto o outro... se parece com Afrodite, com Helena (Selene), com Perséfone e com Hécate. Ambos são poderes inconscientes ou, mais precisamente, "deuses".

CW 9, ii, §41

Para o homem da Antiguidade, a anima aparecia como uma deusa ou bruxa, enquanto para o homem medieval as deusas foram substituídas pela Rainha dos Céus e pela Igreja Mãe.

CW 9, i, §61

(d) Não somos nós que as personificamos; desde o princípio elas têm uma natureza pessoal. Só quando isso for totalmente reconhecido poderemos pensar em despersonalizá-las, em "subjugar a anima"...

CW 13, §62

A consciência só pode existir através do constante reconhecimento do inconsciente.

CW 9, i, §178

(e) ... a peregrinação de Michael Maier pelas sete Ostia Nili... descreve a ascensão do sonhador a um mundo de deuses e heróis, a sua iniciação num mistério de Vênus...

CW 14, §297

e depois chamando esse jogo de "escolha". Assim, a anima apresenta sempre uma consciência heroica com um dilema moral. Mas o dilema moral está na natureza do ego e não na natureza da anima.

Quando lemos o trecho com o qual começamos esta seção à luz de outros sobre o mesmo tema, descobrimos mais precisamente o que significa "integração". "Apesar de podermos tornar conscientes os efeitos da anima e do animus, eles próprios são fatores que transcendem a consciência e que estão além do alcance da percepção e da volição. Assim eles permanecem autônomos apesar da integração de seus conteúdos" (CW 9, ii, §40).[a] Tudo o que podemos fazer é lembrar sua realidade espontânea por trás dos conteúdos, das projeções, dos efeitos[b] e garantir "relativa autonomia e realidade" a essas "figuras" psíquicas (CW 9, ii, §44), as quais Jung frequentemente apresenta como Deuses e Deusas.[c] "Integração" de anima é, portanto, "conhecimento dessa estrutura", um reconhecimento dela como arquétipo (CW 14, §616). O termo operativo é *reconhecimento* total.[d] E o que deve ser reconhecido? – a natureza relativamente autônoma, personificada, do arquétipo. A partir disso, parece que integração de anima significa justamente o contrário de tornar a personificação uma função e que, ao continuar a reconhecê-la como uma pessoa relativamente independente, estamos na verdade atuando o trabalho da integração.

Da maneira como a questão foi respondida pela alquimia, ela não é mais uma simples disjunção: ou é figura ou é função, ou é pessoa ou processo. A imagem pessoal da anima é necessária para representar certas funções e constelar certos conteúdos. Sem a imagem pessoal (por exemplo, a *imaginatio* de Michael Maier),[e] não seríamos conduzidos (seduzidos) ou interessados (tentados); não experimentaríamos certas qualidades (a amargura do sal, uma substância personificada); não poderíamos experimentar a libido endogâmica (incesto com a *soror*); não encontraríamos a delícia e a desilusão no dissolver, no colorir e no alvejar.

Consequentemente, "despersonalizar" a anima (CW 13, §62) pode significar privar a anima de suas projeções e efeitos personalistas, mas

(a) Melusina, a Shakti enganosa... não deveria mais dançar diante do adepto com gestos sedutores, mas sim voltar a ser o que era no princípio: uma parte da sua totalidade. Como tal, ela deve ser "concebida na mente".

CW 13, §223

A "mãe" corresponde à "anima virgem", que não está voltada para o mundo exterior e assim não foi corrompida por ele. Ela está voltada para o "sol interior"...

CW 5, §464

(b) O reconhecimento da sombra é o que chamei de obra do aprendiz, mas trabalhar com a anima é a obra-prima que muitos não conseguem realizar.

Carta a Traugott Egloff, 9 de fevereiro de 1959

não de sua aparição ao sentido interior como um *numen personificado*.[a] A "internalização através do sacrifício" (CW 16, §438), que parece ser o método sugerido por Jung para o trabalho com o *Meisterstück*[b*] da integração da anima, não requer sua dissolução como figura personificada.

A internalização através do sacrifício – a principal preocupação dos capítulos VII e VIII de *Símbolos de Transformação* (CW 5) e da teoria junguiana da transferência (CW 16), de fato, o programa latente que permeia todo o processo de individuação (CW 12 e 14) – adquire um significado muito mais sutil. Essa internalização e esse sacrifício não podem ser concebidos como supressão da alma extrovertida ou como sublimação (elevar algo mais baixo a uma condição mais nobre). Não é uma imolação, mas uma consagração. O sacrifício adquire seu sentido original de devolver aos Deuses algum evento do mundo humano, elevando assim seu *valor* (não a substância); e internalizar significa trabalhar no interior daquele evento de forma que seu valor e, portanto, sua sacralidade, surja para a compreensão. E, curiosamente, o que aparece durante esse procedimento sacrificial chamado "internalização" e o que permite a compreensão é a voz ou figura personificada de uma anima.

O apoio principal que tive para compreender a integração de anima como *reconhecimento da anima como numen personificado* vem do próprio Jung:

> Não há nenhum argumento final contra a hipótese de que essas figuras arquetípicas são dotadas de personalidade desde o começo e de que não são simplesmente personificações secundárias. Na medida em que os arquétipos não representam meros relacionamentos funcionais, eles se manifestam como *daimones*, como agentes pessoais. Nessa forma, eles são sentidos como experiências reais e não como "invenções da imaginação", como nos quer fazer crer o racionalismo (CW 5, §388)... em vez de extrair essas figuras de nossas condições psíquicas devemos extrair nossas condições psíquicas dessas figuras (CW 13, §299). Não somos nós que as personificamos; elas têm uma natureza pessoal desde o princípio (ibid., §62). É correto tratar a anima como uma personalidade autônoma (CW 7, §322; cf. §§317-27).

---

* Obra-prima, em alemão. (N.T.)

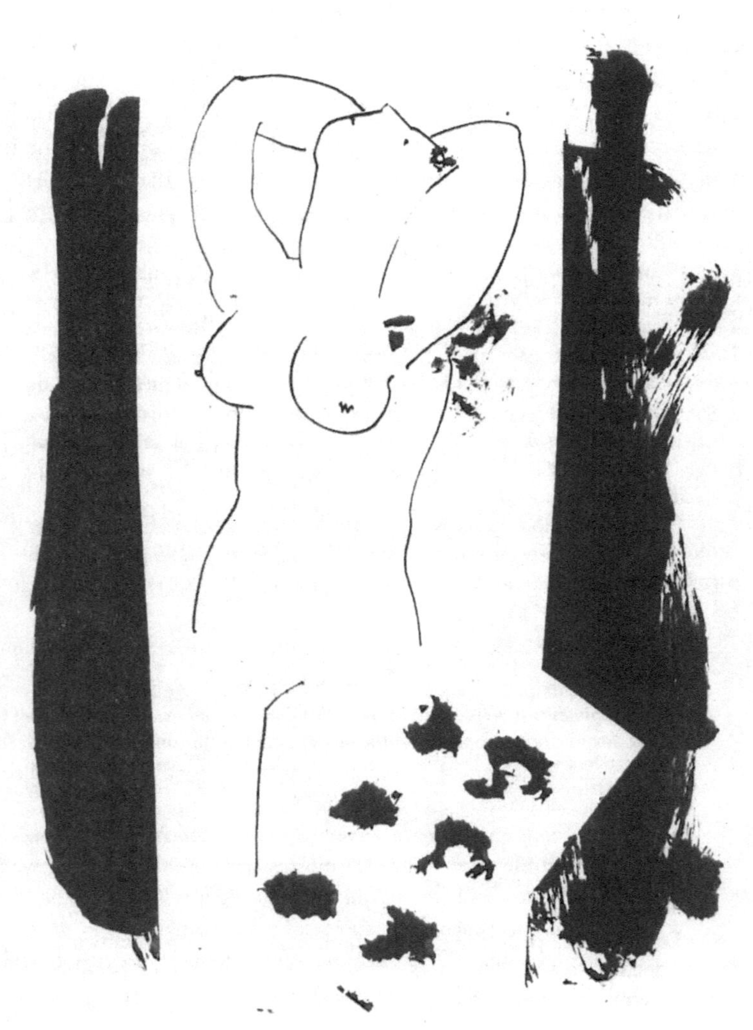

Essa natureza pessoal é experimentada nas imagens personificadas e através delas. Não levar isso em consideração é desconsiderar o próprio arquétipo, uma vez que os arquétipos são personificados *a priori*, "desde o Princípio". Assim, "internalização através do sacrifício" deve significar algo diferente de "despersonalizar". Será que isso significa deslocar a imagem de anima da pessoa exterior para a pessoa interior, isto é, retirar as projeções feitas num outro ser humano?

Aqui podemos dar uma parada e pensar sobre aquelas discussões em terapia a respeito de projeções de anima nas relações amorosas. Por vezes, sente-se em Jung um *horror animae*, por exemplo, quando ele diz "que o casamento com a anima só é possível numa total ausência de autoconhecimento psicológico" (CW 16, §433). Acredito que aqui ele chama nossa atenção para a literalização e não para a realidade da anima vivida no dia a dia. Ainda falta afirmar que encontramos uma relação com a alma mais verdadeira e autêntica quando dispensamos seu portador vivo na existência concreta. Romper com uma relação complexa carregada de projeções anímicas seria literalizar a anima na pessoa portadora dessas projeções.

Toda prescrição ou proscrição com relação ao que fazer ou como agir literaliza. Isso é verdadeiro para as ações tanto no mundo "interno" como no "externo". Internalizar pode se tornar tão literal quanto "acting out".*

Sempre que a internalização através do sacrifício significa amputar a vida concreta só porque é concreta – por exemplo, renunciar ao "casamento com a anima", ou à sexualidade, ou a fascinações tangíveis pelo bem do processo de individuação do *self* – não haverá internalização alguma, simplesmente uma literalização mais radical. Em vez de internalização através do sacrifício, há uma literalização através da supressão. Assim, o próprio sacrifício foi literalizado como negar, cortar, matar a vida concreta, e a internalização foi literalmente situada "dentro" da cabeça ou da pele. (Essa noção primitiva ou Filistina[40] do que é interno foi abordada no Capítulo 5.) Da mesma forma, o que é externo não está "lá" no mundo concreto, extrovertido. Refere-se ao aspecto mais evidente, óbvio, superficial, *prima facie*, de qualquer evento ("interno" ou "externo").

* Atuação. (N.T.)

(a) Prometeu rende-se... à sua alma, ou seja, à função de relação com o mundo interno... Prometeu lhe concede um significado absoluto, como amante e guia... Ele sacrifica seu ego individual em favor da alma, em favor da relação com o inconsciente enquanto matriz de imagens e significados eternos... Prometeu perde toda a conexão com o mundo que o cerca e, portanto, também a própria correção necessária oferecida pela realidade externa.

CW 6, §278

(b) ... é muito fácil de compreender que a imagem primordial do hermafrodita tenha reaparecido na psicologia moderna sob o disfarce da antítese masculino-feminino, em outras palavras, enquanto consciência *masculina* e inconsciência *feminina* personificada...

Originalmente, esse arquétipo desenvolvia-se inteiramente no campo da magia da fertilidade e assim permanecia... um fenômeno puramente biológico... Mas mesmo na Antiguidade mais remota o significado simbólico do ato parece ter crescido... e uma filosofia natural tornou-o uma *theoria* abstrata. Esses desenvolvimentos significaram uma transformação gradual do arquétipo num processo psicológico que, em teoria, podemos chamar de uma combinação de processos conscientes e inconscientes.

CW 9, i, §§296-97

Caímos na exterioridade o tempo todo, mesmo ao internalizar através da imaginação ativa, avaliando as figuras pela sua primeira impressão, escutando literalmente seus conselhos, ou apenas por ter que fazer imaginação ativa para conseguir encontrar profundidade, interioridade, fantasia e anima. Então o mundo das imagens psíquicas e a figura de anima neste mundo guardam um poder mágico. Assim somos escravos da Senhora Alma. Não importa quão introvertidamente se atue, isso ainda é exterioridade, atuação, literalismo, absolutismo, ou chame como quiser. Jung dá um exemplo disso no Prometeu de Spitteler.[a]

Esse tipo obtuso de literalismo também afeta a noção do hermafrodita, como se fosse simplesmente uma questão de unir características de dois gêneros numa só pessoa. Um homem tenta tornar-se mais feminino, mais sentimental e mais conectado com eros com o objetivo de integrar a anima – uma noção de anima que já tentamos desfazer em capítulos anteriores. Enquanto ele está representando essa *imitatio animae*, na verdade ele está se tornando mais literal do que metafórico e imaginal, que é justamente aquilo que uma consciência de anima implica mais provavelmente. Como mostra Jung no *Mysterium Coniunctionis* (CW 14) e em outros trabalhos, "masculino" e "feminino" são metáforas biológicas para condições psíquicas de consciente e inconsciente.[b] A integração de anima no modelo do hermafrodita não significa adquirir características do gênero oposto; ao contrário, significa uma consciência dupla, mercurial, verdadeira e não verdadeira, atividade e inatividade, visão e cegueira, viver o impossível oxímoro, mais como um animal que é ao mesmo tempo extremamente consciente em suas ações e totalmente inconsciente delas. Tomar essa imagem excêntrica do hermafrodita e literalizá-la nos gêneros sexuais, e depois moralizá-la num objetivo bissexual para o comportamento é um passo tão errôneo quanto considerar o *phallus* como o pênis biológico ou a grande mãe como sendo a mãe da sua própria infância. A batalha sobre o literalismo nunca está vencida; ela apenas reaparece em novos disfarces, forçando-nos assim a ser psicológicos.

Não são pessoas que sacrificamos, mas o pessoal. Agora todas as questões deste capítulo levam-nos a um ponto. Internalizar através do sacrifício

(a) Da maneira como a vejo, a psique é um mundo no qual o ego está contido.

CW 13, §75

Você com razão enfatiza que o homem, na minha perspectiva, está incluído *na* psique (e não na *sua* psique).

Carta a Joseph Goldbrunner, 14 de maio de 1950

não tem nada a ver com escolhas entre o externo e o interno. Isso é literalismo. Também não tem nada a ver com despersonalização em qualquer uma de suas formas: transformar personificações em funções e conteúdos, ou transmigrações da alma de pessoas externas para imagens internas.

Despersonalizar a anima significa exatamente isto: *enxergar através dos aspectos pessoais* de todas as personificações. Refere-se àquele reconhecimento de que todo o meu eu pessoal e minha importante subjetividade vêm de um arquétipo que é totalmente impessoal. Justamente essa conexão entre o pessoal e o arquétipo do pessoal despersonaliza e é sacrifício. Pois sacrifício, como sabemos e sempre esquecemos, significa exatamente conectar os eventos humanos e pessoais com sua origem divina impessoal. Significa enxergar o arquétipo da anima naquilo que está pessoalmente ocorrendo – e onde quer que esteja ocorrendo, tanto em pessoas da anima externa quanto em imagens da anima interna. Os aspectos pessoais das imagens internas também precisam ser enxergados como eventos arquetípicos relativamente autônomos. Eles são impessoais e não se preocupam "comigo" no nível da minha importância subjetiva. Conversas com a imagem interna de anima e suas ações em sonhos podem atrelar-me à anima, assim como qualquer envolvimento com pessoas da anima externa.

Ao retornar as infusões, a beleza, a malícia e as vaidades às suas origens nas Deusas, devolvendo tudo ao seu próprio cenário, despersonalizamos toda atuação compulsiva e autônoma. Assim podemos aceitar esta definição: "A anima não é nada mais do que a representação da natureza pessoal do sistema autônomo em questão" (CW 13, §61).

Integrar a anima, o que significa tornar-se uma unidade com ela, só poderia acontecer se nos lembrarmos de que já estamos nela. Ser humano é ser na alma (*esse in anima*) desde o começo. Integração é, portanto, uma mudança no ponto de vista dela em mim para eu nela. "O homem está *na* psique (não na *sua* pique)",[a] que também foi discutido no Capítulo 5. Esse reconhecimento de onde estamos real e ontologicamente é um sacrifício da nossa consciência habitual, internalizando-a no abraço de uma noção mais ampla da psique. Isso também é uma "internalização através do sacrifício", que pode ser mais precisamente descrito como "relativização do ego" (veja acima, pp. 111-13) do que como "integração da anima".

(a) A anima personifica o inconsciente coletivo...

CW 10, §714

... o inconsciente é frequentemente personificado pela anima...

CW 11, §107

Defini a anima como uma personificação do inconsciente.

CW 9, ii, §20, n. 1

(b) Defini a anima como uma personificação do inconsciente, genericamente falando, e a encarei como uma ponte para o inconsciente, em outras palavras, como uma função de relação com o inconsciente.

CW 13, §62

... ao torná-los conscientes **[**anima e animus**]** nós os convertemos em pontes para o inconsciente.

CW 7, §339

... *anima*... é a personificação das funções inferiores que colocam um homem em relação com o inconsciente coletivo.

CW 18, §187

... a anima é a imagem do sujeito na sua relação com o inconsciente coletivo...

CW 7, §521

8. Mediadora do Desconhecido

Vamos agora nos deter em três outras definições intimamente relacionadas: 1) a anima personifica o inconsciente coletivo;[a] 2) a anima é a função de relação com o inconsciente;[b] 3) a anima é a mediadora do

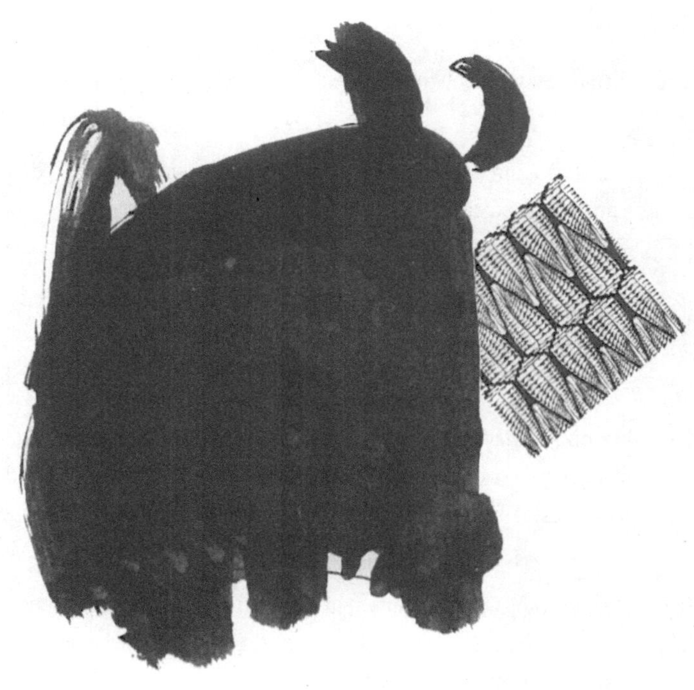

(a) X. é sem dúvida a anima, representando o inconsciente coletivo.

Carta ao conde Hermann Keyserling,
24 de dezembro de 1931

... em geral é a anima que, em forma singular ou plural, representa o inconsciente coletivo.

CW 14, §128

... o encontro com a anima leva logicamente a uma expansão da nossa esfera de experiência. A anima é um representante do inconsciente e, assim, uma mediadora...

Carta a destinatário anônimo, 13 de março de 1958

... a anima faz o papel de mediadora entre inconsciente e consciente...

CW 10, §715

A anima serve de intermediário entre a consciência e o inconsciente coletivo...

CW 14, §498, n. 381

... a alma é um *daemon* que traz a vida e que brinca seu jogo de elfo acima e abaixo da existência humana...

CW 9, i, §56

(b) ... a figura da mulher desconhecida é uma personificação do inconsciente, que eu chamei de "anima".

CW 16, §17

(c) No topo da gravura está a personificação do inconsciente, uma figura de anima nua que se vira de costas. Esta é uma posição típica; no princípio da objetificação dessas imagens, a figura de anima frequentemente vira-se de costas.

CW 18, §412

(d) Quando projetada, a anima tem sempre uma forma feminina com características definidas. Esse achado empírico não significa que o arquétipo é constituído em si dessa forma.

CW 9, i, §142

desconhecido,[a] age como psicopompo para o desconhecido e mostra-se como o desconhecido.[b]

Essas definições referem-se à fenomenologia do "desconhecido", que viemos enfocando desde o princípio – a anima como inocente, vazia, vaga, branca (ou escura); a fumaça, a bruma e a opacidade; seu comportamento ilusório, enigmático e obscurantista; suas origens dúbias e sombrias ou suas ligações com a história remota ou com culturas estrangeiras; as imagens nas quais ela aparece de costas,[c] ou velada, escondida ou encarcerada na escuridão da matéria primal. Ou ela é desconhecida enquanto a que promove projeções e ilusões. O desconhecido também inclui a fenomenologia dos humores repentinos indesejados e atrações que aparecem sem nenhuma razão e que também somem inexplicavelmente. Finalmente, anima é o desconhecido como o mistério da consciência na sua relação com a natureza e a vida.

É essa *inconsciência fundamental* do arquétipo – ausência de luz, de moralidade, de significado, de conflito, de intenção, de tempo histórico e de imagem cultural – que Jung aponta em algumas passagens sobre a natureza "desconhecida" da anima. Pois a "irrupção da anima na consciência geralmente leva a uma psicose". "Diferentemente de outros conteúdos, eles [anima e animus] permanecem sempre estranhos ao mundo da consciência, intrusos indesejados que saturam a atmosfera com sinistros presságios ou mesmo com o medo da loucura". "Eles [anima e animus] sem dúvida pertencem ao material que vem à tona na esquizofrenia" (CW 9, i, §§517-20). Ele também sugere que a anima "pode explicar a grande maioria dos suicídios entre os homens" (CW 10, §79).

Então, quando Jung diz que os arquétipos são incognoscíveis, não acredito que ele se refira simplesmente ao fato de sua estrutura teórica estar além da possibilidade do conhecimento. Não acredito que esteja se referindo ao arquétipo da anima simplesmente como um númen kantiano, um potencial que não se pode conhecer, uma conjectura hipotética.[d] Ele está falando tanto epistemologicamente como fenomenologicamente, empiricamente: a psique inconsciente não pode ser totalmente conhecida. É isto que "inconsciente" significa: desconhecido *e* incognoscível. O que é desconhecido pode se tornar conhecido, mas o que é incognoscível permanece sempre e fundamentalmente impossível de ser conhecido; e é precisamente essa inconsciência psíquica que está além do alcance do *insight* e do conhecimento, que a anima medeia. Ela nos torna inconscientes. Por

(a) Na natureza do elfo, sabedoria e loucura aparecem como uma e a mesma coisa; elas são *uma* e a mesma coisa enquanto forem representadas pela anima. A vida é louca e significativa ao mesmo tempo.

CW 9, i, §65

... a anima emerge de uma maneira exemplar do lodo primevo, carregada de apêndices polpudos e monstruosos que vêm do fundo.

Carta ao conde Hermann Keyserling,
13 de agosto de 1931

Quando um tal destino [Nekya] debruça-se sobre um homem... ele normalmente encontra o inconsciente na forma do "Obscuro", um "Kundry" de uma feiura primeva, horrivelmente grotesca, ou como uma beleza infernal. Na metamorfose de Fausto, Gretchen, Helena, Maria e o abstrato "Eterno Feminino" correspondem às quatro figuras femininas do submundo gnóstico Eva, Helena, Maria e Sofia.

CW 15, §211

(b) A atrofia dos sentimentos é uma das características do homem moderno que se manifesta como reação quando há sentimentos em demasia e principalmente sentimentos falsos.

CW 15, §183

(c) Tudo aquilo que a anima toca torna-se numinoso – incondicional, perigoso, tabu, mágico... Ele fornece as razões mais convincentes para não nos intrometermos com o inconsciente, uma ocupação que desmantelaria nossas inibições morais e libertaria forças que seria melhor que deixássemos inconscientes, não as perturbando.

CW 9, i, §59

ser a própria loucura da vida,[a] ela nos leva à loucura. "Através do arquétipo da anima adentramos o reino dos deuses... Tudo aquilo que a anima toca torna-se numinoso – incondicional, perigoso, tabu, mágico" (CW 9, i, §59).

Sentimentalismos na prática analítica deixam de lado esse aspecto "psicótico", tão habitual – ou vicioso – é o uso de eros e das ligações de anima nessa prática. Note: personalização, subjetividade e sensibilidade são qualidades *arquetípicas* da anima; devem ser peneiradas pela função-sentimento e desliteralizadas. Caso contrário, assumimos essas qualidades, identificamo-nos com elas, acreditando que, ao nos tornarmos mais intimamente pessoais, profundamente subjetivos e sensíveis, estamos novamente "integrando a anima", quando na verdade estamos deixando que ela se apodere de nossos sentimentos, tornando-os falsos ao transformá-los numa imitação dos dela. A *imitatio animae* mostra-se logo numa pseudosubjetividade, pseudosensibilidade, pseudoprofundidade. Por ser arquetípica, ela aumenta a dimensão desses sentimentos; fica rico demais, refinado demais e não convence. *Vox populi* chama isso de trapaça.

Essa infiltração da anima no sentimento é o modo pelo qual a prática fica subordinada a uma de suas engenhosas duplicidades: a ausência de sentimento humano no arquétipo da anima é precisamente aquilo que ela encobre com sentimentalismos sobre si mesma. Mas ela é a sua própria cura; pois seu aspecto frio e enlouquecido, La Belle Dame Sans Merci, traz uma correção arquetípica ao seu próprio sentimentalismo.[41,b]

Mas não vamos imaginar a anima sendo a ponte e a mediadora apenas para o mundo interno como uma benfeitora sibilina, que nos ensina tudo aquilo que não sabemos, a pequena guia cuja mão seguramos. Esta é uma via de mão única, e há uma outra direção em seu movimento. Ela também "liberta forças"[c] do inconsciente coletivo, pois do outro lado da ponte agitam-se fantasias, projeções e emoções que tornam inconsciente e coletiva a consciência de uma pessoa. Ela nos torna iguais a qualquer um, dizendo os mesmos clichês, perseguindo as mesmas efemeridades, presos às mesmas necessidades. Como mediadora do eternamente incognoscível, ela é *tanto* a ponte sobre o rio em direção à floresta *como* a ponte para dentro do pântano e da areia movediça, tornando o conhecido ainda mais desconhecido. Quanto mais fundo descemos em sua ontologia, mais opaca torna-se a consciência. Assim, para acompanhá-la, como os alquimistas, temos de declarar que a compreensão move-se do conhecido para o desconhecido, numa epistemologia baseada no

(a) ... o primeiro encontro com ela nos leva a inferir qualquer coisa, menos sabedoria. Esse aspecto somente aparece para a pessoa que pretende confrontar-se com ela seriamente. Só aí... pode ele então perceber mais e mais que, atrás de todo o seu jogo cruel com o destino humano, há algo como um propósito escondido que parece refletir um conhecimento superior das leis da vida. Pois são justamente as coisas mais inesperadas, mais aterrorizantemente caóticas que revelam um significado mais profundo. E quanto mais esse significado for reconhecido, mais a anima perde seu caráter impetuoso e compulsivo.

CW 9, i, §64

(b) A anima não mais cruza o nosso caminho como uma deusa, mas como um infortúnio intimamente pessoal ou, talvez, como nossa melhor aventura. Quando, por exemplo, um professor de seus 70 anos, altamente estimado, abandona a família e foge com uma atriz ruiva e jovem... É dessa forma que o poder demoníaco revela-se para nós.

CW 9, i, §62

(c) Em sua procura da totalidade... Michael Maier... encontrou a alma animal e a alma da Sibila, que agora o aconselha a procurar as sete Ostia Nili [os sete deltas do Nilo].

CW 14, §287

A Sibila, guia das almas...

CW 14, §300

Nosso autor já foi conduzido pela anima-Sibila a percorrer as casas planetárias...

CW 14, §313

Mas uma atitude consciente que renuncia às suas intenções egoicas... e submete-se às leis suprapessoais do destino, pode dizer que está a serviço de um rei. Essa atitude mais exaltada eleva o *status* da anima do de uma tentadora para o de um psicopompo.

CW 14, §540

A anima... agora aparece como o psicopompo, aquele que mostra os caminhos.

CW 12, §74

dito *ignotum per ignotius*. As explicações da anima apontam para o inconsciente e fazem-nos ainda mais inconscientes. Ela mistifica, produz charadas de esfinge, prefere o secreto e o oculto onde ela pode permanecer escondida; ela insiste na incerteza. Ao conduzir qualquer coisa conhecida para longe de suas bases sólidas, ela carrega qualquer questão a águas mais profundas, o que é também um modo de cultivar a alma.

Quanto mais profundamente a seguirmos, mais fantástica se torna a consciência.[a] Então, em sonhos, ela se revela como psicótica, uma aparição de olhar estranho, uma "companheira" do meu hospício noturno. A união com a anima implica também uma união com a minha psicose, com o meu medo da loucura, com o meu suicídio. Essa conjunção com seus doces sentimentalismos é purgada pelo seu sal, pois uma conjunção com a loucura da vida, que é ao mesmo tempo a minha própria loucura, mediada e personalizada pela anima quando ela traz à tona um "eu" que é uma esquisitice minha e peculiar, ou aquilo que Jung chama de *self*.

A psicologia analítica conduzida por mãos menos atentas que as de Jung muitas vezes deixa escapar essas implicações do desconhecido. Através dos artifícios da consciência lunar ou matriarcal, os psicólogos algumas vezes sugerem que a obscuridade dos estados de anima não é uma ameaça real, nem uma escuridão real, mas um outro tipo de luz. É como se a prática analítica, ao viver sua fantasia do Velho Sábio, devesse, a todo custo, apegar-se à doce anima, pois essa filha nutridora é inerente ao mitologema do *senex*, tão dominante no analista. Ele depende da sua ajuda, portanto deve vê-la como ajuda. Daí mediadora significa apenas mediação, e *harmonia* apenas harmonia. Essas posições confortantes são uma outra maneira de a anima inebriar o pensamento com sua suave persuasão, protegendo-se ao nos impedir de enxergar suas profundezas demoníacas.[b] Afinal, o intermediário reconciliador também é aquele que intervém e, como aponta Jung, o casamento consanguíneo com minha alma também trai meus planos, transformando-se finalmente na cruz de minha alma. Assim "o encontro com a anima e o animus significa conflito" (CW 16, §470), que também é um padrão de relação com o inconsciente coletivo. Nada serve melhor de intermediário para o inconsciente e a coletividade do que a confusão, a fúria, o sofrimento. No mito, a Harmonia é filha da Guerra, e *harmonia* em filosofia (Heráclito, figs. 44, 45, 47, 59, 62 – Burnet)[42] é inseparável da disputa e da discórdia.

Quando a anima é definida como psicopompo mediador,[c] somos obrigados a indagar precisamente de que maneira ela guia e precisamente a

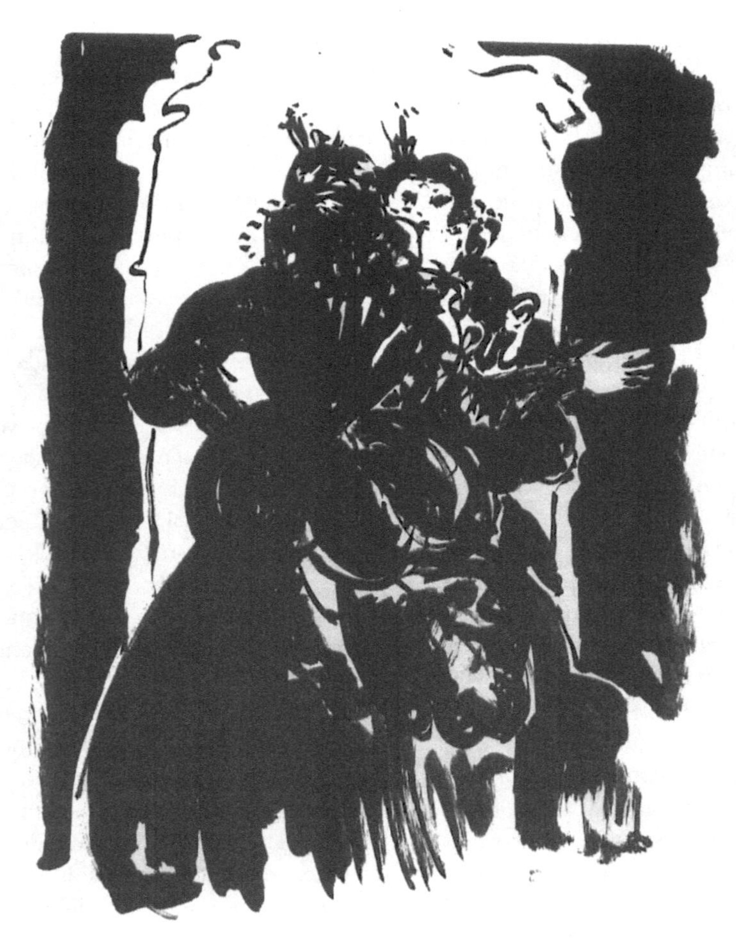

que estados ela nos leva, já que a alma possui outros guias. Há também a pequena criança que conduz, assim como o Velho Sábio ou mentor, Hermes, o líder heroico, e o animal amigo. Cada um desses conduz de uma maneira diferente e a diferentes conclusões. Se sua rota e meta nada têm que ver com sentimento, feminilidade, contrassexualidade ou eros – cada um dos quais reprovados no difícil teste da Parte I – então o que nos resta?

No Capítulo 5, dissemos que a anima é o arquétipo da consciência psíquica. Mas agora afirmamos que a anima é o arquétipo mediador da inconsciência. Ao juntarmos essas duas afirmações, estaremos dizendo que a consciência da anima significa antes de tudo consciência da nossa própria inconsciência. Ela traz a possibilidade da reflexão em termos do inconsciente; isto é, de que modo essa imagem, evento, pessoa, ideia, sentimento, que agora é o conteúdo de minha reflexão, produz inconsciência? Esse é o ponto de vista da psicologia profunda, e é por isso que a anima (e não o Velho Sábio, a mãe natureza ou o herói cultural) é o arquétipo do chamado psicológico. É por isso também que o cultivo da alma precede a autoindividuação. Pois, antes de podermos nos tornar conscientes, devemos ser capazes de saber que somos inconscientes, e onde, quando e quanto. O cultivo da alma nesse contexto torna-se nada mais grandioso do que, ao contrário, o humilhante reconhecimento do arquétipo da anima. É antes de tudo uma "percepção das diferenças" entre seus infinitos disfarces e truques, enxergando onde fomos enredados pela sua teia; é uma contínua atividade de fantasia sobre fantasias. Aqui, o cultivo da alma, para usar uma metáfora anímica de Jung (CW 9, i, §158), refere-se ao "'conhecimento discriminante'" que Prakriti evoca em Purusha ao dançar para ele, Purusha, aliás, não usa a espada para essa discriminação. Ele observa.

Porque a anima é o mediador da inconsciência, tornando-nos não mais conscientes, mas menos, ela portanto floresce onde a inconsciência aporta: nos complexos, na ilusão, nos apegos da vida, nos estados de sonolência e humores, na reflexão isolada, nos vapores e umidades histéricas, e nas loucuras da ninfolepsia, no fascínio com as causas e curas naturais, simples, inocentes e melancólicas, e nas pessoas que as incorporam.

Ao acreditar que, quando integramos as manifestações, integramos e tornamos consciente a anima, perdemos contato com a *autonomia* da sua inconsciência arquetípica, e da nossa. A noção de inconsciência significa

(a) ... a anima está sempre associada com a origem da sabedoria e da iluminação, cujo símbolo é o Velho Sábio. Enquanto você estiver sob a influência da anima você está inconsciente desse arquétipo, ou seja, você é idêntico a ele e isso explica sua preocupação com a filosofia hindu. Assim você é forçado a representar o papel do Velho Sábio.

Carta a Walter Lewino, 21 de abril de 1948

(cf. sobre Sofia, pp. 61, 73 acima)

(b) O processo simbólico é uma experiência *nas imagens e de imagens.*

CW 9, i, §82

(c) A numinosidade desse arquétipo **[**a anima**]** causa uma reação de pânico. O motivo para tal está no significado de destino que é característico da figura de anima: ela é a Esfinge de Édipo, uma Cassandra, a mensageira do Graal, a "mulher branca" que anuncia a morte etc.

... a consciência de um homem projeta todas as percepções que vêm da personificação feminina do inconsciente sobre uma figura de anima... Isso explica a qualidade fatalista da anima.

CW 10, §§713-14

Esses dois arquétipos **[**anima e animus**]**... possuem um caráter fatal que atua, em determinados casos, de maneira trágica... Só quando lançamos alguma luz nas profundezas obscuras da psique e exploramos os caminhos estranhos e tortuosos do destino humano é que podemos perceber, pouco a pouco, como é imensa a influência desses dois fatores que complementam nossa vida consciente.

CW 9, ii, §41

... num nível mais baixo, a anima é uma caricatura do Eros feminino... O Eros da mulher corresponde ao *ming*, ao "destino" ou "fortuna".

CW 13, §60

... o arauto do destino, a anima...

CW 13, §218

autônomo, espontâneo, ubíquo, coletivo: está sempre nos atingindo, explodindo, transbordando e estourando no meio da rua. Cada evento que ocorre num dia tem um efeito entrópico, desintegrador. Cada conversa, cada hora analítica, cada sonho, cada meditação, ao movimentar a consciência, faz-nos inconscientes de um novo jeito. Ela transmite essas mudanças na inconsciência.

Enquanto consciência da alma, ela é basicamente imaginal, ou seja, uma autorreflexão ou reconhecimento do desfile de fantasias que compõe a psique (Capítulo 5, acima), ela medeia os incessantes movimentos da interioridade. Essa interioridade não está somente dentro da minha cabeça ou nos murmúrios proprioceptivos das sensações internas. Ela relata a interioridade de todas as ligações, quer sejam em tandens com outras pessoas (suas fofocas, suspeitas, rancores) ou em tandens primordiais – com espírito, corpo e mundo – com os quais a alma está ligada e dos quais a alma é a interioridade.

Mas esses relatos não são respostas. Pedir respostas à figura anímica via imaginação ativa, acreditar que ela dá conselhos, diferentes da sabedoria do não saber (ambiguidade, indecisão, incerteza), é uma asneira analítica não menos tola do que aquelas que exploramos anteriormente a respeito do seu suposto eros, ou sentimento, ou localização somente nos homens. Jung sugere que a sua sabedoria é, na verdade, uma identificação indiferenciada com o Velho Sábio.[a] Mesmo o conhecimento que a sábia Sofia medeia é *pistis*, fé, uma convicção na realidade psíquica e em suas fantasias, que nos leva para longe do saber rumo ao imaginar. O mundo Gnóstico de onde vem Sofia é um reino repleto de figuras imaginais, e a sabedoria que ela transmite é participação nesse reino.

Manifestações da anima mostram que ela não tem respostas: as imagens dela como inocente falam-nos da sua ignorância, como eco falam-nos de sua falta de originalidade, como sereia fugidia diz que é incompreensível, assim como sua inabilidade de falar claramente ou de pensar objetivamente é imaginada na sibila oracular e na musa.

As respostas que ela realmente transmite são imagens.[b] Ela responde imaginativa e magicamente, misturando imaginação com meditações, inspirações, maquinações, buscas e caçadas. Essas respostas-imagem talvez tenham pouco a oferecer num dilema prático. Ainda assim, elas tocam o destino: "Talvez – quem sabe? – essas imagens eternas sejam aquilo que o homem entende por destino" (CW 7, §183).[c] Talvez, também, *amor fati*,

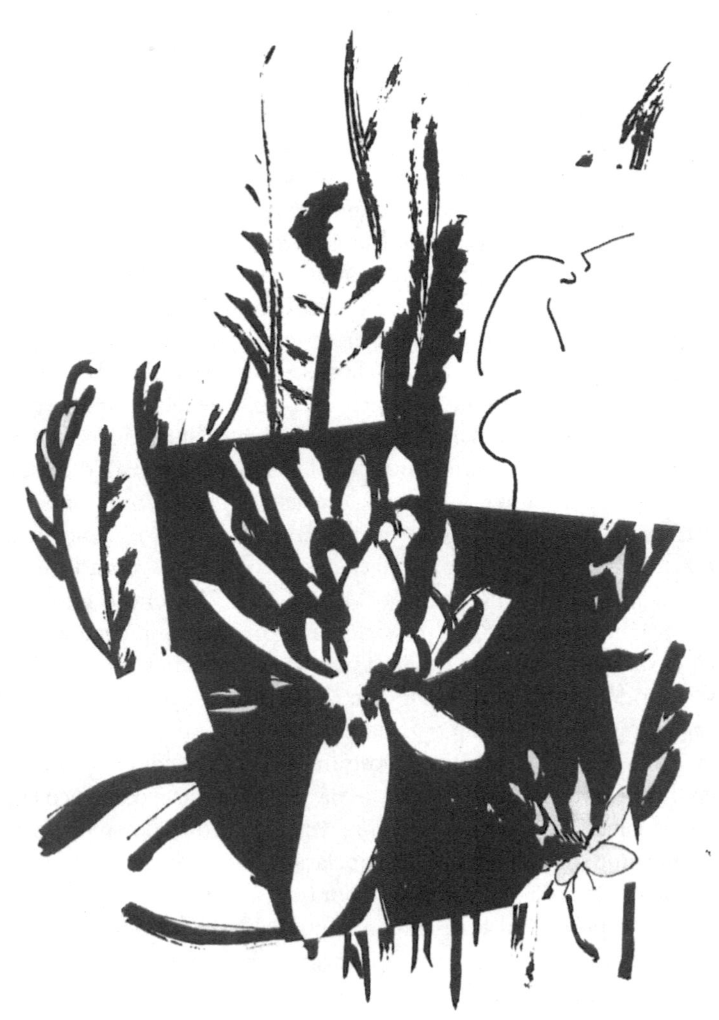

o amor que se sente pelo seu próprio destino, seja o amor pelas imagens. As imagens apresentam-se, e de alguma forma podem ser conhecidas, mas sempre restará uma profundidade incognoscível, impenetrável na imagem. Será que é aí que mora o destino? Pois o destino é *o* desconhecido, de alguma maneira mais desconhecido que a morte, que é uma certeza absoluta. Já que a anima faz parte do destino desconhecido, todas as mais profundas áreas de seu domínio são desconhecidas: o arcaico, o passado filogenético, as culturas exóticas, as religiões misteriosas das Deusas, a vida pré-consciente da natureza, bem como a morte. Nada disso pode ser conhecido. Ler suas imagens e mensagens em sonhos como precognições é uma ilusão ou uma *hybris*. A análise dos sonhos nos traz o conhecimento dos sonhos – não da vida, do destino ou da morte. A análise dos sonhos também não torna consciente o inconsciente; ela apenas movimenta as ilusões, oferecendo a oportunidade de novas percepções.

A consciência da anima liga-se ao inconsciente assim como as ninfas aderem às suas densas florestas e os ecos não podem abandonar suas cavernas. É uma consciência vinculada, como um pequeno pássaro a cantar do fundo da matéria-prima, revolvendo a lama da nossa estupidez, de forma que a possibilidade de termos uma consciência anímica maior dá-se ali onde estamos mais inconscientemente envolvidos. Consequentemente, venho enfatizando a fofoca, ressentimentos mesquinhos, carências, o *kitsch*, calúnias, velhas contas, birras. Não porque isso tudo se refere a sentimentos inferiores da anima ou a uma feminilidade inferior. De jeito nenhum. Essas condições de envolvimento intenso estão repletas de matéria-prima, e oferecem o melhor terreno para *insights* da anima.

A consciência da anima não só relativiza a consciência egoica, mas relativiza também a própria ideia de consciência. Deixa de ser claro quando estamos psicologicamente conscientes e quando estamos inconscientes. Mesmo essa discriminação básica, tão importante para o complexo egoico, torna-se ambígua. Portanto, o ego tende a encarar a consciência anímica como ilusória, caprichosa, vacilante. Mas essas palavras descrevem uma consciência que serve de intermediário para o desconhecido, que está consciente da sua inconsciência, e que, portanto, reflete verdadeiramente a realidade psíquica.

(a)	I	II
	1. *Opus naturalium*	*Aqua*
	2. *Divisio naturae*	*Terra*
	3. *Anima*	*Aer*
	4. *Intellectus*	*Ignis*

CW 9, ii, §414

Realidade psíquica, consciência da anima, cultivo da alma – lutar com qualquer uma dessas coisas envolve-nos com as outras. O cultivo da alma pede consciência da anima, que é o arquétipo da alma e da realidade psíquica. Só podemos entender o que significa "realidade psíquica" e "cultivo da alma" tanto quanto nos permite a anima, e não podemos acompanhá-la para além da nossa compreensão do que significa a noção de "anima", bem como as noções de "alma" e "psique". Em outras palavras, assim como um intelecto *psicológico* requer consciência anímica, consciência anímica requer um *intelecto* psicológico. A alma seria compreendida. A compreensão psicológica consiste, portanto, em dois elementos que se interpenetram – psique e logos, alma e intelecto.

A interpenetração da compreensão intelectual e da alma já acontece nas primeiras noções de *psyché* na Grécia e da *anima* em Roma. Como vimos, essas palavras muitas vezes referiam-se a um elemento aéreo vivo e generativo na cabeça, ou alma na respiração, isto é, uma psique com logos – psicologia. Os "ares na cabeça" que Onian diz referirem-se a *anima* na tradição latina (Capítulo 5, acima) são uma atividade primária da psique: sua produção de fantasias da cor do ar, a efemeridade vaporosa cruzando a mente (pp. 45, 105, acima, sobre ar e anima).[a] A fenomenologia aérea da anima aponta não apenas para vapores ou para volubilidade. Refere-se também a um dos quatro elementos primordiais da imaginação (Bachelard). O psicólogo alquímico Ripley disse: "A alma etérea é o fogo secreto da nossa filosofia, o nosso óleo, a nossa água mística" (CW 12, §336, n. 7). Ar refere-se àquele elemento invisível o qual, como a realidade psíquica, conhecemos apenas indiretamente. Se a alma etérea ou anima aérea é o segredo da *opus* alquímica (e logicamente existem inúmeros "segredos"), eu faria uma relação entre o ar psíquico e a *imaginatio*, "talvez a chave mais importante para a compreensão da *opus*" (ibid., §396). O segredo e a chave para o trabalho psicológico requerem a imaginação aérea da alma, ou seja, a capacidade de imaginar eventos "fora" (ibid.) da perspectiva corpórea natural do literalismo empírico e material, mas sim tendo em vista um corpo sutil ou de fantasia da realidade psíquica. Estar-na-alma requer estar num corpo também, mas esse corpo é construído com recheio de alma; é um "corpo-sopro" (CW 14, §748). Imagens de fantasia formam esse recheio, esse "corpo sutil" (CW 12, §394).

(a) Eles **[**"Syrena"**]** causam tempestades...

CW 13, §218

(b) Em psicoterapia, é um fato muito conhecido que os sintomas neuróticos que parecem impossíveis de serem atacados podem frequentemente tornar-se inofensivos pela compreensão consciente...

CW 13, §436

... a formulação estética necessita da compreensão do significado e a compreensão necessita da formulação estética. Os dois complementam-se para formar a função transcendente.

CW 8, §177

... no final das contas, faz muito pouca diferença se o médico compreende ou não, mas faz muita diferença se o paciente compreende.

CW 16, §314

... *falta de conhecimento... tem exatamente o mesmo efeito que a inconsciência.*

CW 16, §546

(c) Estou realmente convencido de que a imaginação criativa é o único fenômeno primordial acessível a nós, a Base real da psique, a única realidade imediata. Dessa forma, eu falo de *esse in anima*, a única forma de ser que podemos experimentar diretamente.

Carta a Kurt Plachte, 10 de janeiro de 1929

O que de fato é a realidade se não é uma realidade em nós mesmos, um *esse in anima*? A realidade em que vivemos não é o produto do comportamento factual e objetivo das coisas, nem exclusivamente de uma ideia formulada, mas em vez disso uma combinação de ambos... através do *esse in anima*.

CW 6, §77

(d) ... a *opus* implica, no homem, o aspecto erótico da anima... Da *prima materia* cresce a árvore filosófica, o desenvolvimento da *opus*... Eva, a anima do homem, enquanto Sapientia ou Sofia, faz, por seu lado, com que de sua cabeça saiam os conteúdos intelectuais da obra.

CW 16, §519

Quando depreciamos o aspecto aéreo da anima, ou consideramos o ar insubstancial, damos menos valor à fantasia e à mente em geral. Além disso, e pior que isso, se é que é possível, perdemos a chave para toda a *opus* psicológica, cujo segredo é a construção do corpo via imaginação.

Assim, devemos resgatar toda a extensão do significado psíquico do elemento ar.

A anima aérea diz respeito: às tempestades[a] cujos nomes a homenageiam ("Anna", "Betty", "Carol"...); a todo o âmbito da meteorologia interna, à sua pressão atmosférica, à umidade, às névoas; ao entusiasmo e inspirações, explosões e colapsos; às criaturas do ar como borboletas e aranhas, anjos e bruxas, pequenos balões vermelhos, balões de gás, todo tipo de pássaros e insetos alados; a distanciamento, profundidade de perspectiva e horizontes; a invisibilidades, pressentimentos que caem do céu, e augúrios também; ao poder evocativo dos aromas, e ao som, à canção e à fala, à mente e ao intelecto. O intelecto psicológico é um aspecto da alma, um de seus fenômenos aéreos.

A psicologia de Jung origina-se de uma completa interpenetração de alma e intelecto; é por isso que ela compreende, é por isso que ela pertence às psicologias da compreensão (*verstehen*). Jung realçou fortemente a importância de compreender a psique.[b] Sua compreensão baseia-se em *esse in anima*[c] que fornece o ponto de vista onde se apoia seu pensamento psicológico e que torna psicológico o seu pensamento. *Esse in anima* é também a base do imenso corpo do seu trabalho intelectual.

O *esse in anima* de Jung refere-se primeiramente ao "contínuo ato criativo" da fantasia (CW 6, §§77-8). Mas o termo origina-se como um ponto de vista dentro dos argumentos universais, um *modus* de alma entre espírito e matéria, ou entre palavras e coisas. Poderíamos chamar esse ponto de vista de "especulação psicológica", resultante do espelho da alma refletindo nossos envolvimentos espirituais e materiais. Através desse espelho, nos engajamos na fantasia intelectual, construímos uma psicologia que pode conter a psique e que se torna o seu corpo. Espontaneamente surge a *opus*, o material, o recheio incorporado da mente – e esse também, como diz Jung, é o trabalho de Eva.[d]

(a) ... a anima personifica-se em uma figura única.

CW 7, §332

Cada homem sempre carregou dentro de si... a imagem de uma determinada mulher... O mesmo vale para a mulher, pois também ela carrega igualmente dentro de si uma imagem inata do homem. A experiência, porém, nos ensina a sermos mais exatos: é uma imagem de *homens*, enquanto no homem se trata de uma imagem de *mulher*.

CW 17, §338

... a "unipersonalidade" da anima... Uma exclusividade apaixonada... liga-se à anima do homem...

CW 7, §338

(b) ... via de regra, a consciência de uma mulher está restringida a um homem, enquanto a consciência de um homem tem uma tendência de ir além de um relacionamento pessoal único... No inconsciente, dessa forma, podemos esperar uma compensação pelos contrários. A figura de anima do homem claramente definida preenche essa expectativa perfeitamente, como também de resto o faz o indefinido polimorfismo do animus de uma mulher.

CW 10, §81

Com relação à pluralidade do animus como algo distinto daquilo que poderíamos chamar de "unipersonalidade" da anima, esse fato notável parece-me ser um correlato da atitude consciente.

CW 7, §338

(c) Como ele é feito de uma pluralidade de opiniões preconcebidas, o animus é muito menos suscetível a uma personificação por uma figura única, mas ao contrário aparece mais frequentemente como um grupo ou um bando... Num nível baixo, o animus é um Logos inferior... assim como num nível baixo a anima é uma caricatura do Eros feminino... Eros é relacionamento, Logos é discriminação.

CW 13, §60

(d) ... o sexo é determinado por uma maioria de genes masculinos ou femininos... Mas a minoria de genes pertencentes ao outro sexo simplesmente não desaparece. Um homem tem em si, dessa maneira, um lado feminino... Eu chamei essa figura de "anima".

CW 9, i, §512

9. Anima como Unipersonalidade

Uma definição secundária de anima diz que só existe uma única imagem dela na psique do homem,[a] enquanto o animus é definido como uma multiplicidade (CW 10, §81 – "ele não é tanto uma unidade, mas uma pluralidade"). "O íncubo da mulher consiste num bando de demônios masculinos; o súcubo do homem é uma vampira" (CW 7, §370).

Para essa diferenciação entre anima e animus, Jung baseia-se principalmente em diferenças histórico-sociais dos papéis sexuais: as mulheres relacionam-se mais individualmente e de forma monogâmica em sua consciência; os homens relacionam-se mais indiscriminadamente e de forma poligâmica; essas atitudes encontram compensação nas posições contrassexuais inconscientes.[b] Mas a base também pode ser colocada como um contraste junguiano entre a diferenciação do espírito (animus) e o poder unificador de eros (anima).[c] Um outro aspecto (que não encontrei em Jung) levanta uma analogia biológica semelhante àquela usada por Jung,[d] relativa aos genes masculinos e femininos. Os espermatozoides são muitos, o óvulo é um só; então, animus é uma multiplicidade, e anima, uma unidade.[43]

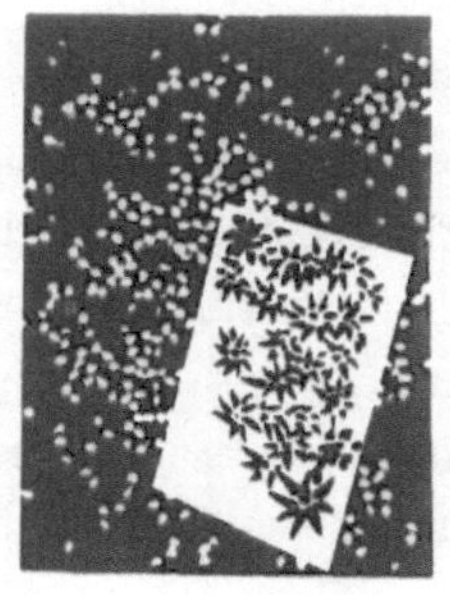

(a) *O sonhador está cercado por uma multidão de vagas formas femininas...* As figuras que aparecem no sonho estão... apontando para a natureza feminina do inconsciente. Elas são fadas, ou sereias ou lâmias fascinantes... que enfeitiçam o peregrino solitário e o destroem.

CW 12, §§58-61

(b) ... os primitivos acreditam na existência de diversas almas... Sinto-me assim inclinado a admitir que os complexos autônomos se contam entre os fenômenos normais da vida e determinam a estrutura da psique inconsciente.

CW 8, §§217-18

... acredita-se frequentemente que as pessoas têm duas ou mais almas...

CW 8, §577

A pluralidade de almas indica uma pluralidade de complexos relativamente autônomos.

CW 8, §587

(c) Trata-se de uma experiência antiquíssima da humanidade, que se reflete na suposição generalizada da existência de várias almas em um só e mesmo indivíduo. Como nos mostra a pluralidade de componentes psíquicos no nível primitivo, o estado original se deve ao fato de os processos psíquicos se acharem debilmente ligados entre si, e de maneira alguma a uma unidade perfeita entre eles.

CW 8, §365

Parece-me de muita importância, particularmente com relação à nossa hipótese de existência de uma consciência múltipla e seus fenômenos, que a visão característica dos alquimistas – aquela das centelhas que brilham na substância arcana negra – transforme-se, segundo Paracelso, no espetáculo do "firmamento interior", e de suas estrelas...

... a meu ver, não seria despropositado admitir que essas múltiplas luminosidades correspondem a diminutos fenômenos da consciência.

CW 8, §§392-96

Não tenho, contudo, a intenção de questionar os achados fenomenológicos quer sejam de Jung (inclusive CW 12, §§58-61, onde a anima aparece significativamente como uma multiplicidade[a]), quer sejam de outros psicólogos analíticos mais recentes com relação à unidade ou pluralidade da anima. (Repetindo: este ensaio não está sendo escrito dentro de uma fantasia empírica, mas dentro de uma fantasia crítica. Estamos pensando sobre ideias, não sobre coisas, ou sobre o efeito das ideias sobre a nossa experiência das coisas.) Mas devemos explorar a *noção* de unidade e multiplicidade, já que esta faz parte da definição de anima.

A principal questão aberta por essas parelhas é a antiga e desconcertante problemática que diz respeito à unidade ou multiplicidade da alma. Em diversos contextos, Jung aponta para a multiplicidade das almas. "A afirmação primitiva de que o indivíduo tem uma pluralidade de almas está de acordo com nossos achados" (CW 14, §504, n. 386).[b] Por "primitiva" Jung quer dizer "primordial" (CW 8, §218) e, assim, sempre presente em nossos níveis mais profundos, já que uma multiplicidade de complexos autônomos "constituem a estrutura da psique inconsciente" (ibid.).[c] Outra incursão na multiplicidade psíquica leva-nos

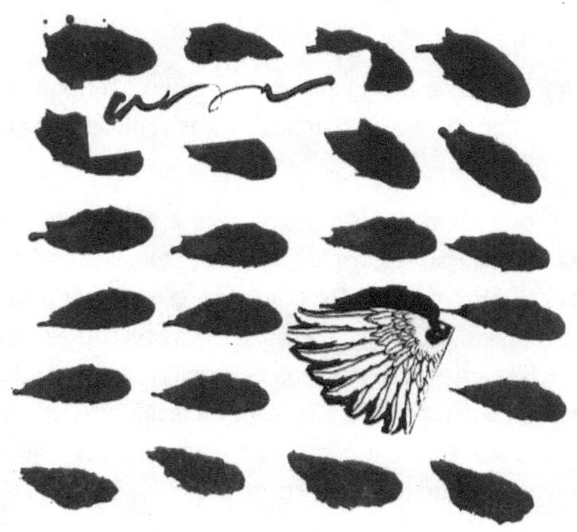

(a) Sempre fiquei muito impressionado pelo caráter de personalidade que têm os fragmentos dissociados... Se esses fragmentos possuem uma personalidade, o todo do qual eles se desgarraram deve possuir uma personalidade num grau até mesmo muito mais elevado... *Personalidade não precisa implicar consciência. Ela pode facilmente estar dormente ou sonhando.*

... Pode ser que toda a personalidade **[**secreta**]** a ser encontrada no inconsciente esteja contida nas personificações fragmentárias mencionadas anteriormente...

... no inconsciente de cada homem há uma personalidade feminina escondida.

CW 9, i, §§508-11

(b) O mundo clássico refletiu sobre esse pneuma como Dioniso... cuja substância divina encontra-se distribuída por toda a natureza.

CW 11, §387

Do ponto de vista psicológico, essa doutrina aponta para o caráter de personalidade, ou caráter egoico, dos complexos psíquicos: como a marca que distingue o complexo egoico é a consciência, é possível que outros complexos, complexos inconscientes, enquanto psiques parciais, possuam ao menos certa luminosidade própria.

CW 14, §47

... o símbolo do desmembramento... é muito conhecido em alquimia. Os átomos são ou tornam-se "faíscas brancas" brilhando na *terra foetida*.

CW 14, §64

Na realidade, contudo, o substrato psíquico, o reino obscuro do desconhecido, exercita uma atração fascinante que ameaça tornar-se muito mais poderosa à medida que ele o penetra. **[**Nota 48: Simbolizado por uma feiticeira ou por garotas devassas...**]** O perigo psicológico que aqui emerge é a desintegração da personalidade em seus componentes funcionais, ou seja, as funções separadas da consciência, os complexos, unidades hereditárias etc.

... isto quer dizer, o corpo e os representantes psíquicos dos órgãos ganham o comando da mente consciente.

CW 12, §§439-40

diretamente a uma revisão do conceito de anima.[a] Encontramos multiplicidade novamente em sua ideia de fragmentos de alma dispersos pela matéria e pelo corpo,[b] assunto que examinei em meu ensaio "Dionysus in Jung's Writings" (em *Spring*, 1972; reeditado em *Facing the Gods*). Por vezes, Jung parece concordar com a descrição do *self* como a "agregação coletiva de todas as almas individuais" e de que ele é "composto de vários", citando Origen: "Cada um de nós não é um, mas vários" (CW 9, i, §675).

A história da psicologia mostra muitos tipos ou partes de alma, ou sistemas de alma com nomes específicos – animal, corporal, sanguínea, racional, seminal, espiritual, mercurial, vegetativa, sensitiva, vital – e situou essas almas em diferentes zonas e regiões do ser humano ou animal reais. A alquimia está repleta desses nomes de alma, assim como a medicina pré-moderna. Da mesma forma, a multiplicidade das almas é regularmente encontrada por antropólogos que investigam as concepções psicológicas de povos não letrados. Esses diferentes tipos de alma expressam a ideia de que existe um aspecto psíquico, uma animação, interna ou ligada a cada pedaço da natureza física, uma "consciência orgástica" (CW 15, §112, n. 8).

E os mitos adoram encantar-nos com as inumeráveis figuras de donzelas, como as meninas Gopi de Krishna, a Houris do paraíso persa, ou as múltiplas filhas do Sol que mostram a Parmênides o caminho da verdade. Prazer na multiplicidade e múltiplos prazeres parecem pertencer à fenomenologia da anima.

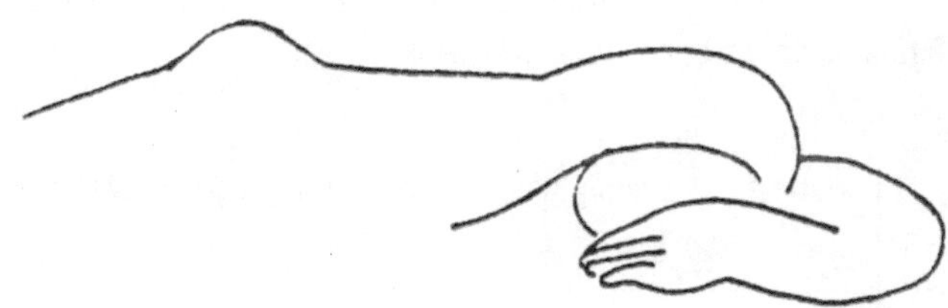

(a) Por um lado, a anima é o elo com um outro mundo e com as imagens eternas, enquanto, por outro lado, sua emocionalidade envolve o homem com o mundo ctônico e sua transitoriedade.

CW 13, §457

... a anima, como ela personifica a pluralidade dos arquétipos...

CW 14, §218

(b) [A anima]... de acordo com sua natureza erótica, exibe os traços de Afrodite, de Helena (Selene), de Perséfone e de Hécate.

CW 9, ii, §41

(c) Sua alma [de Prometeu] é Minerva... O Prometeu da mitologia tem sua relação de alma com Pandora ou Atena...

CW 6, §§289-95

(d) ... a Cora que é observável no homem, a *anima*.

CW 9, ii, §356

(e) ... Pandora tem o valor de uma imagem de alma...

CW 6, §305

(f) A Antiguidade já conhecia a escala erótica das quatro mulheres: Chawwa (Eva), Helena (de Troia), a Virgem Maria e Sofia... Estamos lidando com... figura da anima em quatro estágios...

CW 16, §361

... as quatro figuras femininas do submundo gnóstico, Eva, Helena, Maria e Sofia.

CW 15, §211

Diferentemente da filosofia e também da medicina científica, que escolhem entre afirmações, objetivando sempre uma unidade coerente ou um campo unificado, a psicologia pode incluir todas as posições sobre alma como descrições válidas. Cada afirmação reflete uma realidade válida; cada uma delas uma expressão da alma falando algo sobre si mesma de acordo com sua constelação no momento. Porque a anima compreende tantas divergências, uma psicologia fiel à anima descreve a alma de muitas maneiras contrárias. Da perspectiva do prazer na pluralidade, a anima como uma unipersonalidade é meramente um de seus muitos disfarces.

A anima nos conecta especificamente com a pluralidade por meio de sua definição como representante do inconsciente coletivo, que nos envolve em inúmeras imagens e emoções corporais.[a] Anima e pluralidade ligam-se novamente na ideia de que "o estágio anima/animus correlaciona-se com politeísmo, e o *self*, com monoteísmo" (CW 9, ii, §427), afirmação que deu margem a uma ampla discussão em *Spring*, 1971, pp. 193-232.

Porque a anima é "a matriz de todas as figuras divinas e semidivinas, desde as deusas pagãs até a Virgem" (CW 16, §504), suas imagens abrangem uma variedade de figuras do Gnosticismo e do politeísmo clássico. Jung menciona Afrodite, Selene, Perséfone, Hécate,[b] Minerva-Atenas,[c] Cora,[d] e Pandora,[e] além dos quatro clássicos "estágios" da anima,[f] e duendes, espíritos das águas e ninfas, aos quais já nos referimos. Ele também traça paralelos com a duplicação das almas no pensamento egípcio, hebraico e chinês. Fica claro que, ao descrever a anima, a imaginação de Jung volta-se frequentemente para a polivalência do mito pagão e para ideias exóticas ou primitivas de alma, ou seja, para reflexões que são extra ou pré-cristãs.

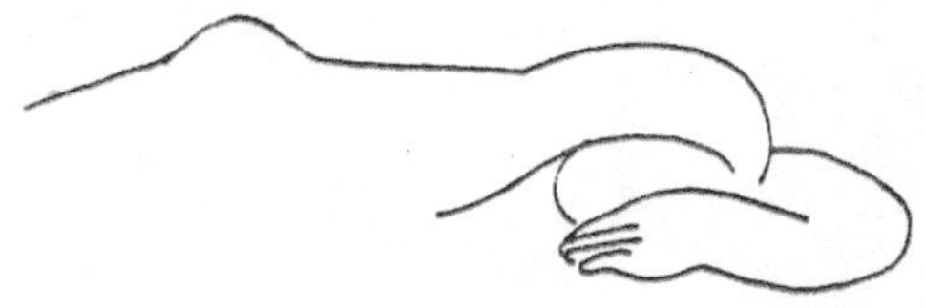

(a) *O sonhador está cercado por uma multidão de vagas formas femininas ...* As figuras que aparecem no sonho estão... apontando para a natureza feminina do inconsciente. Elas são fadas, ou sereias ou lâmias fascinantes, ... que enfeitiçam o peregrino solitário e o destroem.

CW 12, §§58-61

(b) A divisão da anima em diversas figuras é equivalente a uma dissolução em um estado indefinido, isto é, o inconsciente, de onde podemos conjecturar que uma dissolução relativa da mente consciente acontece paralelamente à regressão histérica (processo que pode ser observado em sua forma extrema na esquizofrenia).

CW 12, §116

Apesar disso, a definição de anima como "unipersonalidade" (CW 7, §338) implica que, quando a anima aparece em forma plural,[a] uma "dissolução"[b] regressiva deve estar acontecendo. Além disso, cada homem tem uma figura de anima que verdadeiramente representa a sua alma. Mesmo que a psique seja uma pluralidade de complexos, cada um com sua centelha de alma, a fórmula é *um homem, uma anima.*

A primeira vantagem da unidade da anima é prática. Ela delimita, restringe o uso do termo. Não podemos chamar de "anima" toda figura feminina, todo humor e preocupação estética ou histórica. Sem essa restrição, toda criatura felina, qualquer garçonete, telefonista ou lanterninha torna-se anima, bem como irmãs, sobrinhas, filhas, primas, e assim por diante, nos universos público, familiar, histórico, literário, lendário. Assim, como já reconheceu Graham Hough (*Spring*, 1973, p. 93):

> ... estamos nos deparando com um *embarras de richesse*: Será que todas as heroínas das ficções românticas e idealizadas são figuras de anima? Sim. Serão igualmente figuras de anima independentemente da qualidade das dicções em que aparecem? Receio que sim... Tanto a Beatriz de Dante e a Laura de Petrarca como as mais vulgares heroínas de novelas de TV e das revistas todas são reconhecidas como imagens da anima.

A noção de apenas uma configuração empírica da anima diz não a essa confusão. Podemos chamar de "anima" somente aquela "gestalt" específica que denota precisa, contínua e particularmente a qualidade central da minha alma. Essa "gestalt" também deve conter atributos definitivos que são arquetipicamente anímicos: mistério, emoção, paradoxo, importância; ela deve excitar o meu amor e ligar-se através da tradição à pré-história, arrastando a psique arcaica, filogenética e psicótica às suas raízes; da mesma forma, ela deve ser um instrumento para o destino e ser a principal mobilizadora da fantasia e da reflexão por permanecer "desconhecida".

Preencher todos esses atributos é uma dura tarefa para qualquer figura. E sobre aquelas figuras que preenchem apenas alguns desses aspectos – retiramos delas o epíteto "anima" ou mesmo assim concedemo-lo, ainda que com menos intensidade? Em outras palavras, voltamos forçosamente ao mesmo problema: uma anima ou várias. Antes de tentar trabalhar com isso de outro modo, vamos olhar os efeitos da noção de unipersonalidade em terapia.

(a) ... inicie algum diálogo com sua anima... faça-lhe uma ou duas perguntas: por que ela aparece como Beatriz? Por que ela é tão grande? Por que você é tão pequeno? Por que ela cuida da sua mulher, e não de você?... Trate-a como a uma pessoa, se quiser, como uma paciente ou uma deusa, mas acima de tudo trate-a como algo que realmente existe... fale com essa pessoa... para ver o que ela está realmente querendo e para aprender qual o seu caráter, que pensamentos ela nutre. Se você mesmo adentrar sua fantasia, então aquela superabundância de material logo assumirá proporções mais razoáveis... Mantenha a sua cabeça e a sua personalidade no lugar e defenda-se da multidão esmagadora de imagens... trate a anima como uma paciente cujo segredo você tem de descobrir.

Carta ao Sr. O., 7 de maio de 1947

[O paciente]... está muito certo de tratar a anima como uma personalidade autônoma e de endereçar questões pessoais a ela. Considero tal coisa como uma verdadeira técnica... Essa arte ou técnica consiste em emprestar uma voz ao interlocutor invisível, podendo assim ouvi-la... Devemos cultivar a arte de conversar com nós mesmos no cenário oferecido por um afeto...

CW 7, §§322-23

(b) ... *scintilla*, a "faiscazinha da alma" de Meister Eckhart... Do mesmo modo Heráclito deve... ter concebido a alma como "faísca da substância estelar"... ...Também a alquimia tem a sua doutrina da *scintilla*... "Todas as coisas, pois, têm sua origem nesta fonte..."

CW 14, §§42-3

Não fosse pelos saltos e cintilações da alma, o homem apodreceria em sua grande paixão, a ociosidade.

CW9, i, §56

A recomendação terapêutica de se concentrar num diálogo com a anima[a] acaba por moldá-la numa figura mais definida e centrada. Quando minha intenção terapêutica concorda com a noção de unipersonalidade, estarei buscando uma figura única que possa ser a minha musa ou a minha fada-madrinha, drenando afetos de fantasias secundárias, e por definição abandonando todas as outras.

Definições são regras que detêm todo o poder de princípios governantes, determinando o que se inclui e o que se exclui. Se multiplicidade e anima tornam-se, por definição, mutuamente exclusivos, então não apenas a minha imagem de alma fica privada de uma multiplicidade sem limites, mas também a *multiplicidade fica privada de alma* – e, de fato, em muitos dos escritos de Jung sobre Dioniso, a multiplicidade é uma ameaça para a alma. Em outros momentos (por exemplo, CW 9, i, §279), onde ele contrasta unidade e pluralidade, esta última refere-se a "dissociação", "fragmentação", "dissolução" ou, na melhor das hipóteses, "uma síntese incompleta da personalidade".

Por trás das discussões da terapia sobre a unificação da anima estrondejam grandes carruagens de guerra da Antiguidade, perseguições, e o massacre de mártires. Pois no nosso envolvimento com a anima repousa *o* conflito histórico da alma ocidental sobre a alma. Será ela "cristã" ou "clássica" (ou "pagã, como os cristãos chamavam a cultura clássica)? A anima como unipersonalidade posiciona-se na linha principal da perspectiva cristã da alma.[44] Assim, os elementos pagãos excluídos da anima perdem a alma e transformam-se em áreas demoníacas de culpa e inferioridade. São apenas centelhas de alma,[b] lascas, partes, mas nunca completamente capazes de se tornar alma, a menos que sua energia seja transformada e contida pelo sistema de anima dominante da Senhora Alma como Igreja Mãe.[45] A unificação pela transformação é um equivalente na linguagem psicológica daquilo que a religião chama de conversão da alma.

Mas, e as centelhas da alma, os fragmentos da anima que não se encaixam, que não se convertem? Estes sempre ameaçam com uma

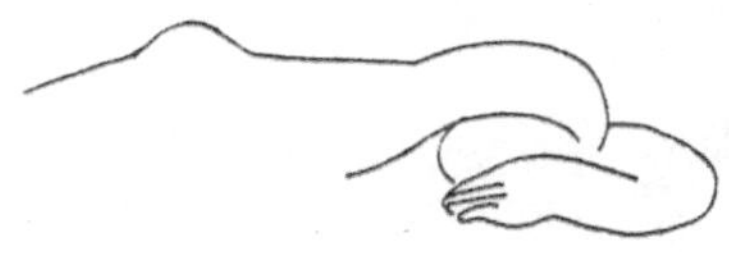

(a) Há apenas pouco mais de mil anos deslizamos dos princípios mais cruéis do politeísmo para uma religião oriental altamente desenvolvida que suspendeu a mente imaginativa de quase selvagens a uma altura que de forma alguma correspondia ao seu desenvolvimento espiritual... Os elementos reprimidos naturalmente não se desenvolveram, mas ficaram vegetativos no inconsciente, em seu estado bárbaro.

CW 13, §70

O mundo ocidental, do ponto de vista espiritual, encontra-se numa situação precária, e o perigo aumenta quanto mais insistimos em nos cegarmos... com ilusões sobre a beleza da alma. O homem ocidental vive numa névoa grossa de incenso que ele queima para si mesmo, de forma que seu próprio semblante oculta-se dele na fumaça... essa nossa megalomania que nos leva a acreditar... que o Cristianismo é a única verdade, e o Cristo branco, o único redentor.

Não há dúvida de que desenterrar a psique é o mesmo que proceder a uma completa operação de drenagem.

CW 10, §§183-86

A civilização cristã mostrou-se oca num grau aterrorizante: ela é toda aparência, verniz, mas o homem interior permaneceu intocado e, portanto, imutável... Dentro reinam os deuses arcaicos, tão supremos quanto os dos antigos...

CW 12, §12

(b) O princípio cristão que une os opostos é a *adoração de Deus*, no Budismo é a *adoração do self* (desenvolvimento do *self*), enquanto em Spitteler e Goethe é a *adoração da alma* simbolizada pela *adoração da mulher*. Implícito nessa categorização está o princípio individualista moderno, por um lado e, por outro, um polidemonismo primitivo que atribui a toda raça, tribo, família, ou indivíduo seus princípios religiosos específicos.

CW 6, §375

(c) O animus não aparece como uma pessoa, mas como uma pluralidade de pessoas.

CW 7, §332 (cf. CW 10, §698)

... o animus da mulher... constitui uma legião.

CW 9, ii, §424

grande conflagração. Eles são o nível pré-cristão sempre no limite, uma fantasia recorrente nos escritos de Jung[a] – "como é fina a parede que nos separa dos tempos pagãos" (CW 9, ii, §272). Na verdade, Jung relaciona explicitamente – num memorável parágrafo sobre "a adoração da mulher e a adoração da alma" nos românticos[b] – "o princípio individualista moderno" e "o polidemonismo primitivo". Nessa fantasia da alma, cristãos e pagãos constelam-se e compensam-se. A fantasia das terras bárbaras, Wotan, Dioniso e o inconsciente "polidemoníaco" que não foi cristianizado – tudo isso contrasta fortemente com a fantasia da "unipersonalidade" individualizada da alma, que é o guia da individuação rumo à totalidade unificada. A anima é, portanto, a *anima naturaliter christiana*, a alma sendo naturalmente cristã devido à sua definição como unipersonalidade. Porém, se colocarmos o contraste entre o singular e o plural no modelo da compensação, mais a imagem de alma vai aglutinar-se numa unidade; será que a semelhança não cresce ao mesmo tempo que ameaças até mais psicóticas e bárbaras surgem atrás da fina parede? Em outras palavras: a ansiedade de alguns analistas sobre as psicoses latentes em seus pacientes pode ser uma consequência direta de sua noção de anima. Adoração da anima unificada e "polidemonismo primitivo" são dois lados da mesma moeda.

Em outros termos: uma anima unificada inconsciente constela sua consciência oposta, poligâmica, no ego masculino. O animus múltiplo, inconsciente constela sua consciência oposta, monogâmica, no ego feminino. Arquetipicamente, o que está acontecendo é uma projeção na direção oposta. Dessa forma, vemos a monogamia como uma ideia nascida do animus: uma tentativa de discriminar entre os vários espíritos escolhendo um e unindo-se a ele.[c] E poligamia é uma ideia nascida da anima, uma tentativa de afrouxar a singularidade compulsiva masculina, paganizando e demonizando através da multiplicidade.

Ao evocar o conflito cristão-pagão, tento explicitar o cenário histórico da fantasia de Jung face a essa questão. Quero entender por que ele teve de insistir na unidade da anima em face de evidências que poderiam tê-lo levado para o lado oposto. Mas evidência não é o fator determinante, nem na nossa discussão e, provavelmente, nem na noção de Jung. Há algo mais profundo aqui, o fator subjetivo, que em parte forma o terreno empírico de qualquer definição de anima.

(a) ... vislumbrei duas figuras, um homem velho com uma barba branca e uma jovem bonita... O homem velho explicou que ele era Elias, e isso me provocou um choque. Mas a menina espantou-me mais ainda, pois ela se chamava Salomé! Ela era cega. Que casal estranho: Salomé e Elias. Mas Elias assegurou-me que ele e Salomé se pertenciam desde a eternidade.

MDR, p. 181

(b) Alguém já me objetou que Cristo não pode constituir um símbolo válido para o *self*... Eu não poderia senão aplaudir essa opinião caso ela se referisse estritamente à época mais recente, quando a crítica psicológica tornou-se possível; mas de modo algum o faria caso ela pretenda julgar a época pré-psicológica. Cristo não só *simbolizava* a totalidade, mas, como um fenômeno psíquico, ele era essa totalidade.

CW 9, ii, §115, n. 75

O símbolo do Cristo é da maior importância para a psicologia, na medida em que talvez ele seja o símbolo do *self* mais altamente desenvolvido e diferenciado, à parte a figura do Buda. Podemos observar isso pela extensão e a substância de todos os pronunciamentos que foram feitos sobre Cristo: eles conferem com a fenomenologia psicológica do *self* num grau inusualmente alto, embora não incluam todos os aspectos desse arquétipo.

CW 12, §22

(c) ... a histeria é caracterizada por um movimento centrífugo da libido...

CW 6, §859 (cf. §§858-63)

(d) Ela [Eva, Pandora] fazia o papel de... anima, que funciona como o elo entre corpo e espírito, assim como Shakti ou Maya envolve a consciência de um homem com o mundo.

CW 13, §126

(e) ... na esquizofrenia, o movimento é mais centrípeto... Durante a incubação de sua doença, o esquizofrênico... dá as costas ao mundo exterior de forma a retirar-se para dentro de si mesmo...

CW 6, §§859-63

Portanto, não acredito que a questão possa ser resolvida de um ponto de vista apenas filosófico, ou seja, que a anima como um arquétipo numinoso é uno; a anima como imagem fenomenal é diversa. Isso, de uma certa maneira, deixa a porta aberta para que novas questões apareçam. A mais importante é: como sabemos que a anima numinosa é "uma", já que o numinoso está além do conhecimento? Tudo o que conhecemos são as várias imagens da anima, e elas aparecem no mundo inteiro, conforme afirma Hough, e aparecem especificamente na imaginação diversificada de cada um. Respostas como vários-em-um e um-em-vários são *conundrums* ou sábios provérbios: a psicologia da questão continua intocada.

Em vez disso, acredito que a questão só possa ser resolvida em termos de outro tandem de anima. É a vez do tandem que ocupa o lugar mais importante na psicologia junguiana – o par alma/*self* ou anima/Velho Sábio. Eles aparecem muito cedo na imaginação de Jung como Salomé e Elias-Filemon.[a] Com eles surge uma "atmosfera egípcio-helenística com uma tonalidade gnóstica", o próprio mundo onde é imensa a luta entre o cristão e o clássico pela alma do homem ocidental. É no tandem com o Velho Sábio (*senex*) que a anima é percebida e definida como uma unipersonalidade, não porque ela *é* uma, mas porque é *vista* através de um olhar que enxerga "unidades". O ponto de vista é do arquétipo do *self* que enxerga a alma com um olho unificado.[46] "... se o teu olho for são, todo o teu corpo terá luz" (Mateus 6:22). A anima unipessoal encontra suporte no tandem com o *self*, sua unidade e centralidade, sua síntese transcendente e sua interioridade – e seu cristianismo. Pois não é tanto a alma que é naturalmente cristã, mas o *self* que tem sido naturalmente simbolizado na nossa cultura por Cristo.[b]

Aqui a noção de anima é afetada por outro grupo de pares de opostos. De um lado: exterior, extroversão centrífuga, histeria,[c] "multiplicidade do mundo" (CW 9, i, §632), e anima no lugar errado criando todas as ilusões de Shakti.[d] Do outro: interior, introversão centrípeta, esquizofrenia,[e] o arcaico, a imaginação primordial do mito e a anima no "lugar

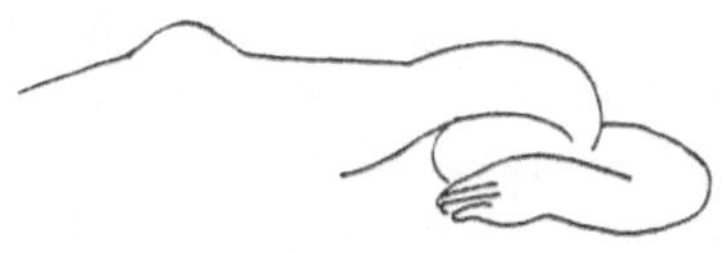

(a) Recolhida sua projeção, ela [a anima] volta a ser o que era antes, ou seja, uma imagem arquetípica que, ao funcionar no lugar certo, beneficia o indivíduo.

CW 16, §504

Melusina, a Shakti enganosa... não deveria mais dançar diante do adepto com gestos sedutores, mas sim voltar a ser o que era no princípio: uma parte da sua totalidade. Como tal, ela deve ser "concebida na mente".

CW 3, §223

(b) Na forma de deusa, a anima se encontra projetada de um modo manifesto, mas quando ela aparece em sua própria forma (psicológica), ela é *introjetada*; segundo a expressão de Layard, ela é "a anima interior". É a *sponsa* natural, ao mesmo tempo mãe, irmã, filha e esposa do homem desde a origem dos tempos, a companheira que a tendência endógama espera em vão encontrar na mãe ou na irmã.

CW 16, §438

certo".[a] O movimento extrovertido é epimeteano, "constantemente desperdiçando e respondendo de um jeito sem alma" (CW 6, §310), enquanto o movimento introvertido apresenta o funcionamento da anima apropriadamente, endogâmico, "interno",[b] mediador de imagens arquetípicas (não padrões de comportamento). O desenvolvimento de anima dessa forma procede do exterior para o interior assim como do mais inferior para o mais superior (de Eva para Sofia), muito de acordo com a prescrição de Santo Agostinho para o desenvolvimento da alma: "*ab exterioribus ad interiore, ab inferioribus ad superioria*".

Ao ser a mediadora para o centro e sua unidade, em vez de para a periferia e suas mil coisas sem alma, a noção de unipersonalidade implica três movimentos fundamentais para o desenvolvimento de anima: de muitos para um, de fora para dentro, do baixo para o alto. Quando essas noções são tomadas literalmente como formas de comportamento, o "desenvolvimento" de anima resulta de fato numa superioridade, numa inflação de anima, e aí também a unificação é realizada às custas dos eventos inferiores, externos e múltiplos da alma. A anima realmente conduziu ao Velho Sábio, mas a um *senex* dogmático, literal, incrustado.

As consequências desse movimento – se não totalmente adornados com a riqueza do pensamento junguiano sobre a pluralidade psíquica e com as diversas possibilidades das figuras, emoções e centelhas da alma – podem fazer a consciência contrair-se na unilateralidade que Jung considerava como uma definição de neurose. E eu especificaria a neurose como *religiosa* e localizaria sua etiologia na própria análise, por ser fomentada pelas noções analíticas de anima. Além disso, essa neurose passaria despercebida no consultório, uma vez que as atitudes do paciente iriam sujeitar-se à fantasia da anima da terapia.

Por neurose religiosa da análise, quero dizer especificamente aquilo que acontece quando a individuação é conduzida por uma noção de anima que encara integração como unidade e interioridade como superioridade. Daí só se encontra a alma voltando-se para dentro em busca de um único guia. Ao concentrar-se sobre essa unipersonalidade, ela mesma torna-se concentrada, retraindo a exuberância excedente de fantasia. Quando essa concentração de anima domina, ela faz com que apareça o bálsamo santimonial da superioridade que vaza na análise como um subproduto

(a) A pluralidade de OVNIS... é uma projeção de inúmeras imagens psíquicas de totalidade que aparecem no céu porque, por um lado, elas representam arquétipos carregados de energia e, por outro, não são reconhecidas como fatores psíquicos.

CW 10, §635 (cf. §§633-34)

(b) O objetivo só importa enquanto ideia; o essencial porém é a *opus* que conduz ao objetivo: *esta* é a meta da vida enquanto ela dura.

CW 16, §400

A personalidade, no sentido de realização total do nosso ser, é um ideal inatingível. O fato de não ser atingível não é uma razão para se opor a um ideal, pois os ideais são apenas os indicadores do caminho, e não as metas visadas.

CW 17, §291

de sua identificação com interioridade. Assim, a anima perde suas ligações com a vida, da qual ela é o próprio arquétipo. Uma religiosidade específica, acompanhada da mágica da sincronicidade, consagra a análise, e os fracassos mundanos, as obtusidades, a insignificância das duas pessoas tornam-se meros invólucros dentro dos quais estão escondidos altos poderes de uma sabedoria relativa ao mundo "interno", e a análise como seu vaso de vidro. Dessa maneira, *horribile dictu*, individuação, torna-se isolamento, introversão torna-se introspecção, e os "*insights*" são substituídos por inspirações, na medida em que a alma mistura-se com a espiritualidade de um *self* logoico, de forma que os enigmas da vida são solucionados *in vitro* através de diálogos internos com uma sacerdotisa oracular, a "minha anima".

"Mas à busca da unidade opõe-se uma tendência possivelmente até mais forte de criar multiplicidade, de forma que mesmo em religiões estritamente monoteístas, como o Cristianismo, a tendência politeísta não pode ser suprimida" (CW 5, §149). A pluralidade irreprimível retorna da distante periferia como múltiplos discos voadores, uma pluralidade de unidades.[a] Uma pluralidade de unidades semelhante ocorre no estágio culminante do processo alquímico "para além do qual é impossível prosseguir exceto por meio da *multiplicatio*" (CW 16, §526). Pois unidade, nota Jung, não é uma realidade empírica, nem parte de nosso mundo. É a imagem de fantasia de um alvo.[b] "A realidade consiste numa multiplicidade de coisas. Mas um não é um número; o primeiro número é dois, e com ele começam a multiplicidade e a realidade" (CW 14, §659). "Até agora não encontrei nenhum centro estável ou definido no inconsciente, e não acredito que tal centro exista. Acredito que aquilo que eu chamo de Self é um centro ideal..."[47]

A insistência de Jung, sobre a natureza paradoxal do *self* torna-se particularmente importante em vista de sua definição como arquétipo da unidade psíquica. Porque, por definição, ele é sempre parcialmente inconsciente, não tem barreiras e, portanto, é suscetível a misturar-se com outros dominantes arquetípicos. A noção de *self* e mesmo uma experiência ou uma imagem onírica chamada *self* estará sujeita à coloração de outros arquétipos. Assim, há noções e experiências que imprimem sombra no *self* (escuridão, desconhecimento, o *sol niger*), ou a grande mãe (cíclica no tempo ou regenerativa no efeito) ou anima (símbolos naturais, estéticos e históricos).

(a) O estágio anima/animus está relacionado com o politeísmo...

CW 9, ii, §427

A transformação da energia por meio do símbolo é um processo que vem se realizando desde os inícios da humanidade, e ainda continua... Essa antiquíssima função do símbolo está presente também em nossos dias, apesar do fato de que, por centenas de anos, a tendência da evolução da inteligência humana foi no sentido de reprimir a formação individual de símbolos... **[**Um passo**]** nessa direção foi... a exterminação do politeísmo...

CW 8, §92

Self não é sempre igual, e como um "centro estável e definido" é um ideal. Ideais conduzem a idealizações, de forma que um foco terapêutico no *self* é mais bem concebido se reconhece suas diferenciações – ou seja, a linguagem, a imagem e os sentimentos reais – de modo a reconhecer sob qual dominante, dentro de que mito, está agora aparecendo o *self*.

Da mesma forma que o interior não está literalmente dentro de mim, e o superior não está literalmente mais alto, unidade não é literalmente unicidade, um único lugar, uma voz, uma imagem. Assim como o interior refere-se ao ponto de vista da interioridade em qualquer lugar, e o superior refere-se ao aspecto da fantasia sutil dos eventos, da mesma forma anima refere-se ao conhecimento de que todas as coisas são formas de alma e lhe dão significado, de que a existência é uma teia psíquica, e de que nada designado a ser humano é alheio à alma. Unidade da alma refere-se à unidade de uma perspectiva que enxerga todos os eventos como realidades psíquicas. Uma unipersonalidade de anima personifica essa perspectiva unificada. Por meio dela, reconhecemos que as dez mil paixões representadas pela multiplicidade das imagens e experiências de anima são todas e cada uma delas possibilidades de cultivo da alma. A anima é a função que dá psique à multiplicidade, sendo o correlato psicológico do politeísmo e das formações simbólicas individuais.[a] A anima permite ao múltiplo não se tornar um, mas que se torne *matéria* psíquica. Daí anima não pode ter nenhuma identidade específica conhecida, não pode ser identificada. "Anima" refere-se ao ponto de vista da alma que trazemos (ou que ela traz) para a experiência. Assim, a questão do um ou vários é psicologicamente irrelevante e, como o próprio Jung diz, a anima pode aparecer "de forma singular ou plural" (CW 14, §128).

10. Anima na Sizígia

Até aqui, estivemos examinando de forma geral a noção de anima independentemente de seu contexto dentro do campo dos arquétipos. Mesmo que isso nos ajude numa clarificação conceitual, pode resultar, no entanto, numa distorção fenomenológica, uma vez que os arquétipos estão, por definição, inextricavelmente entrelaçados "num estado de contaminação, numa interpenetração e interfusão a mais completa e mútua".[48]

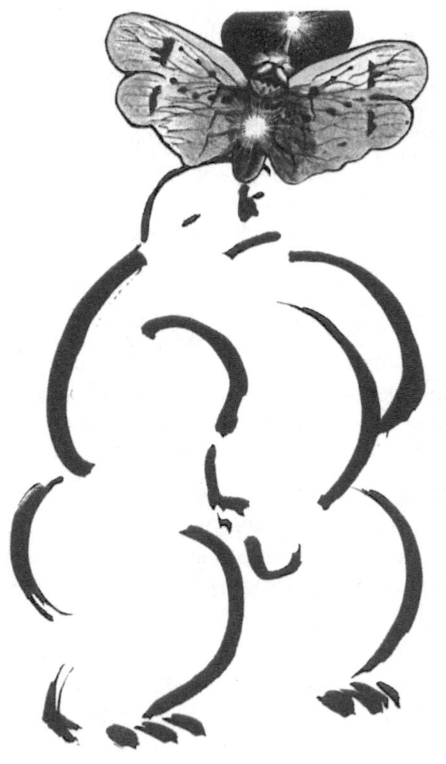

(a) Juntos eles **[**anima e animus**]** formam um par divino... a sizígia divina...
CW 9, ii, §41 (cf. §§25-42)

> O intelecto discriminador tenta naturalmente estabelecer a singularidade de significado dos arquétipos e, assim, perde o ponto essencial; pois aquilo que podemos estabelecer acima de tudo como algo coerente com a sua natureza é o seu *significado multifacetado*, sua riqueza de referência quase sem limites, o que torna impossível qualquer formulação unilateral. (CW 9, i, §80)

O campo arquetípico apresenta um quadro policêntrico, um teatro de poderes personificados sempre enredados uns nos outros. A perspectiva que desenhasse de forma absoluta suas linhas distintas refletiria a consciência monoteísta da abordagem científica e filosófica; a perspectiva que falasse deles ambiguamente e em imagens refletiria a consciência politeísta, hermética ou anímica da abordagem psicológica.

De acordo com essa segunda posição, todo arquétipo subentende outro: criança-mãe, mãe-herói, herói-pai, pai-filho, filho-velho sábio, velho sábio-filha, filha-mãe, mãe-criança, e assim por diante, não importa como começamos ou de que forma prosseguimos. A alquimia prima na exemplificação dessa conexão de termos, em que cada termo troca sua valência de acordo com a constelação. Assim, a anima pode ter diferentes nomes, valências e imagens dependendo do tandem em que se encontra. Parece que só podemos captar sua essência em contraste com alguma outra coisa. Normalmente, esse contraste tem sido identificado com contrassexualidade. Mas também falamos de anima em tandens com ego, sombra, *persona* e *self*.

Porém, de todos os tandens e pares, é especialmente com o animus que essa noção se acasala. Jung chama esse par de sizígia.[a] Ele diz: "Portanto, qualquer um que não conheça o significado do símbolo da *sigízia*... não pode dizer nada sobre o conceito de anima" (CW 9, i, §115). Seus últimos grandes trabalhos sobre anima em 1951 (CW 9, ii, §20 ss.), 1954 (CW 9, i, §111ss.) e 1955-56 (CW 14) consideram anima e animus juntos. São exemplos da experiência psicológica da imagem arquetípica do divino par unido, a sizígia.

Agora podemos rever todos os pares contrastados (multi e unipersonalidade no Capítulo 9, consciência de anima e consciência de ego no Capítulo 5, contrassexualidade no Capítulo 1) como inevitáveis consequências, até mesmo literalizações, da sizígia. Agora podemos ver por que nossa investigação tem sido obscurecida, desde o princípio, por um modo de encarar a anima através de um oposto. A perspectiva arquetípica da sizígia vai sempre perceber eventos num par compensatório.

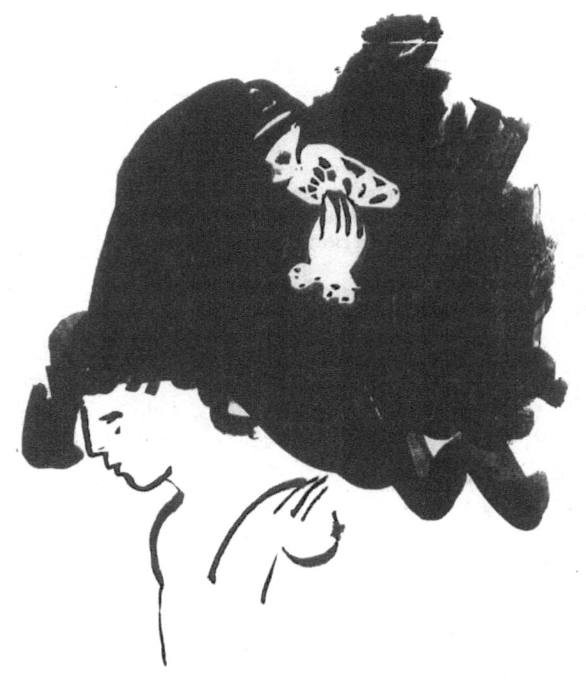

(a) … o símbolo da sizígia… expressa o fato de que um elemento masculino faz sempre par a um feminino.

CW 9, i, §134

Isso precisa ser assim, pois, "no âmbito das sizígias", "Um nunca está separado do Outro" (CW 9, i, §194). Se a anima pertence arquetipicamente a esse par, "dificilmente poderemos tentar dizer qualquer coisa sobre o conceito de anima" sem também falar de animus. Fenomenalmente, ela nunca pode aparecer sozinha sem ele.[a] *Estar envolvido com anima implica simultaneamente estar envolvido com animus, de um jeito ou de outro.*

As implicações disso são estonteantes; portanto, devemos ter cuidado. Terão sido em vão todas estas análises e especulações já que não levamos totalmente em consideração a outra metade do par arquetípico? Ou esteve o Outro sempre presente nas perspectivas em relação a anima e, portanto, no autor, tornando esse ensaio sobre a anima tanto um *esse in anima* como um exercício de animus? Pois se a anima tem sido o assunto de investigação, o animus tem sido o investigador. Ou será que a coisa aconteceu da maneira inversa – se o animus tem sido o plano logoico e a atividade de produzir palavras serve à discriminação crítica, a anima emplumou essas palavras e conduziu-as com suas fantasias. Não podemos afirmar nada com relação à anima sem, *horribile dictu*, admitir uma posição de animas. O melhor ponto de vista para se enxergar qualquer um deles é o outro. E já que a sizígia insiste que não podemos ter um sem o outro, não podemos intuir ou fantasiar para além das limitações arquetípicas colocadas na consciência de qualquer membro desse par pelo próprio par. "A partir disso, podemos concluir que a imaginação do homem está limitada por esse símbolo da sizígia, de forma que ele se sente forçosamente compelido a projetá-lo sempre, durante todo o tempo e em todos os lugares" (CW 9, ii, §120).

Este ensaio é mais uma dessas projeções compulsivas, parte do infinito mitologizar sobre os pares divinos, estimulado por eles e refletindo-os: O *peitho* (persuasão) de Afrodite, a retórica persuasiva unida alternadamente com Hefaísto forjando as construções, e com Ares no furor da batalha. Este ensaio é uma atividade mítica da anima aparecendo como uma atividade crítica do animus. E é justamente isso que é psicologia, a interpenetração de psique e logos, dentro das fronteiras da sizígia, que estabelece os limites do nosso campo psicológico de forma que não podemos imaginar além dele. *Dentro* dele, contudo, nossas possibilidades não têm limites, como os incessantes acasalamentos, emparelhamentos e interpenetrações de anima e animus.

(a) ... o símbolo da *polioftalmia*... aponta para a natureza específica do inconsciente, que pode ser encarado como uma "múltipla consciência".

CW 9, §614

(b) ... a alma (*anima*) libertada na "morte" é reunida ao corpo morto e traz sua ressurreição, ou, novamente, as "muitas cores"... ou o "rabo de pavão"... conduzem a uma cor branca que contém todas as cores.

CW 12, §334

(c) ... os arquétipos aparecem como personalidades ativas em sonhos e fantasias.

CW 9, i, §80

Imaginar em pares e casais é pensar mitologicamente. O pensamento mítico conecta os pares em tandens, em vez de separá-los em opostos, que é o modo da filosofia. Opostos prestam-se a pouquíssimos tipos de descrição: contraditórios, contrários, complementares, negações – formal e lógico. Tandens, por sua vez, como irmãos, inimigos, negociantes ou amantes apresentam infinita variedade de estilos. Tandens favorecem o intercurso – em inúmeras posições. A oposição é apenas um dos vários modos de se estar num tandem.

A noção da sizígia demanda que uma exaustiva exploração de anima examine o animus na mesma medida. Para fazer justiça à anima, deve-se despender tempo igual com o animus. Mas indiretamente isso aconteceu. Todas as nossas observações nasceram de uma posição contrastante, e cada uma dessas outras posições pode ser encarada representando o outro, o animus, em uma de suas perspectivas. Isso, de certa maneira, justifica uma velha discussão de Neumann (Capítulo 4) de que o desenvolvimento da consciência egoica no homem e na mulher são da mesma forma essencialmente um processo (ou protesto) masculino, emergente de um inconsciente feminino. Aqui está a sizígia mais uma vez. Eles brincam um com o outro, constelados por padrões específicos, ou mitologemas. Alguns nós já vimos: Capítulo 9, no qual a controvérsia entre unidade e pluralidade transforma a anima num rabo de pavão polioftálmico[a] e multicolorido[b] e o animus num ciclope monoteísta; Capítulo 7, no qual uma noção de integração de anima concebe-a como um dragão obscuro e encara o animus como um espadachim sempre alerta.

Ao insistir em denominar a sizígia de "ele" e "ela", quero chamar a atenção para sua natureza personificada.[c] As pessoas já vêm com um sexo, ainda que as pessoas psíquicas de fato transgridam esse naturalismo (como mostra Rupprecht em "Martial Maid", *Spring*, 1974, pp. 269-93). Jung nota que: "A sizígia masculino-feminino é apenas um entre os possíveis pares de opostos" (CW 9, i, §142). Ele sugere no mesmo parágrafo que, em si mesmos, anima e animus podem não apresentar nenhum gênero sexual específico, ou, como tentei dizer acima (p. 85): "Paradoxalmente, o próprio arquétipo do feminino pode em si mesmo não ser feminino".

(a)

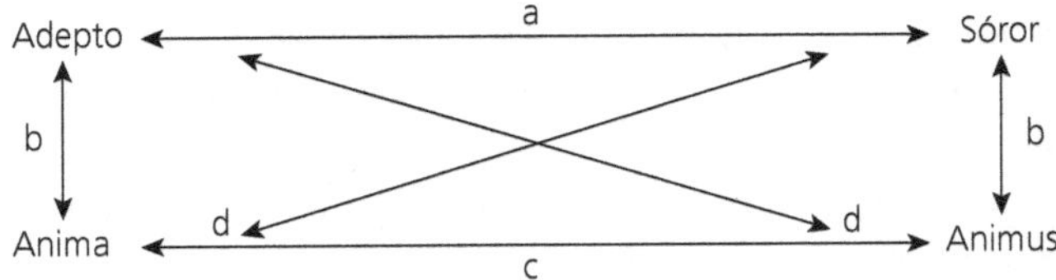

a) uma relação pessoal, sem complicações;

b) uma relação do homem com sua anima e uma relação semelhante da mulher com seu animus;

c) uma relação do animus com a anima e vice-versa;

d) uma relação do animus feminino com o homem (que ocorre quando a mulher se identifica com o animus) e uma relação semelhante da anima masculina com a mulher (que ocorre quando o homem se identifica com a anima).

(CW 16, §§22-3

(cf. CW 9, ii, §§328, 359-98; CW 14, §§611-12; CW 16, §§431-32)

(b) No plano da psicologia, a complicação dos laços de parentesco do casamento entre primos transforma-se inicialmente no problema da transferência, cujo dilema repousa no fato de que a anima e o animus são projetados sobre o parceiro humano... Mas na medida em que o animus e a anima também representam sem dúvida parte da personalidade, ou seja, os componentes do sexo oposto da personalidade, seu caráter de parentesco... indica... um avanço no sentido da integração da personalidade...

CW 16, §441

No entanto, para pensar em sigízia, é essencial pensar em gêneros. Infelizmente, o próximo passo da psicologia analítica foi identificar esses gêneros com homens e mulheres de verdade, acasalando sizígias do tipo homem-e-anima, mulher-e-animus, homem-e-mulher, e, quarto, anima--e-animus, até com diagramas, por exemplo, a longa discussão do símbolo gnóstico do *self*.[a]

Anima-animus, a quarta dessas sizígias, possui dois significados: a) a sigízia entre duas pessoas numa relação interpessoal e b) a sizígia entre anima e animus *interna* de qualquer mulher ou de qualquer homem como uma relação *intrapessoal*. É esta última que merece real atenção. Ela tem sido negociada porque estivemos presos numa definição contrassexual de anima e animus. Mas, como já foi trabalhado acima (pp. 71-85), os arquétipos não podem ficar confinados ao gênero humano, e vimos como a anima funciona igualmente em mulheres. O resultante é observar o animus funcionando nos homens.

A sizígia arquetípica acontece dentro de cada um de nós e não apenas projetada em nossos relacionamentos.[b] É por isso que os homens agem e falam como animus, e mulheres fitam e desfalecem como anima. Entender esse comportamento cotidiano em termos de "animus da mãe" ou "anima do animus" etc. – contorções às quais analistas tiveram que recorrer – deixa escapar o principal ponto sobre as projeções de anima-animus.

Projeções ocorrem entre partes da psique, não apenas fora no mundo externo. Acontecem entre pessoas internas e não somente em relação a pessoas externas. A ideia alquímica de projeção refere-se a eventos *interiores*. O dicionário alquímico de Ruland descreve a projeção como "uma violenta interpenetração" de substâncias; há uma "repentina egressão", que é projetada sobre uma matéria por outra matéria, dessa forma transformando-a. A projeção também pode ser psicologizada; podemos recuperar a própria projeção, interiorizando-a como uma atividade que acontece às cegas entre anima e animus interiores.

Cada figura de anima projeta um tipo específico de figura de animus, e vice-versa.[49] Uma Hebe quer um Hércules e Hércules quer uma Hebe – e não apenas no *campus* da universidade entre a chefe da torcida e o zagueiro principal, mas "aqui dentro". Minha alma hebefrênica, jovem, bobinha e ligada a convenções sociais, a noiva e seu acompanhante,

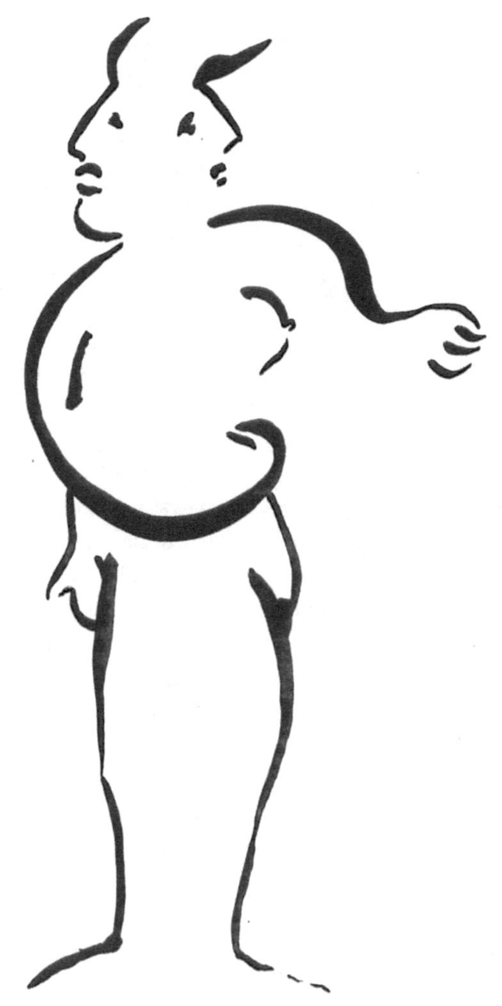

produz um ego que volta para casa como um herói exibido carregando troféus. Ou, dentro da menina inocente que sorri esconde-se uma ambição implacável na pele de um leão, eternamente lutando com Tempos Imemoriais e capaz de atormentar o próprio inferno.

Outro exemplo, mais intelectual: durante qualquer imaginar da anima – malicioso, lascivo ou produtivo –, um espírito-animus emerge e começa a criticar. É precisamente aqui que está a origem do espírito crítico, como aquela parte da fantasia que se distancia, faz comparações, abstrai, menospreza. Esse animus serve à alma separando a mente do humor para ganhar distância. Porém, como um animus ligado num tandem com anima, esse espírito crítico ainda retém traços de humor, agora "objetivado" em opiniões. Ou seja, não está totalmente livre de subjetivismo. (Não é de se estranhar que os críticos pareçam tomados por anima e sejam, ao mesmo tempo, tão cheios de opinião.) O espírito objetivo, meta de todo o nosso empenho intelectual ocidental, é uma tentativa da alma de libertar-se, através do animus, do vale de suas paixões. E nos sonhos a figura que julga é aquele que tanto nos liberta das prisões da anima como nos sentencia com suas opiniões.

Considerar cada posição em termos da sizígia reflete uma consciência "hermafrodita", na qual o Um e o Outro coabitam, *a priori*, todo o tempo; uma duplicidade hermética e um acasalamento afrodítico ocorrendo em cada evento. Isso funciona do seguinte modo:

Quando pensamos ter captado algo da anima em uma imagem, humor ou projeção, a questão que se segue imediatamente é "onde está o animus?". Muito provavelmente está no próprio ego que percebe e que, antes de tudo, tornou possível a observação (isto é, vemos um através do outro). Assim, a *observação também é uma projeção*, parte do sistema de fantasia mútua da anima e do animus que o ego não reconhece.

Ao olhar para o ego em busca do outro perdido, podemos ver as atitudes e comportamentos do ego como partes de um tandem. Por exemplo: serei eu agora um Apolo solar na minha consciência de ego (animus) porque minha Irmã Alma é artemisiana, uma boa e honesta companheira que mantém distância; ou será que a anima é jacíntica, um belo rapaz que morre; ou dáfnica, um sintoma esvoaçante e vegetativo; ou dionisíaca, numa pândega. Ou, para virar a coisa toda do avesso: será que a

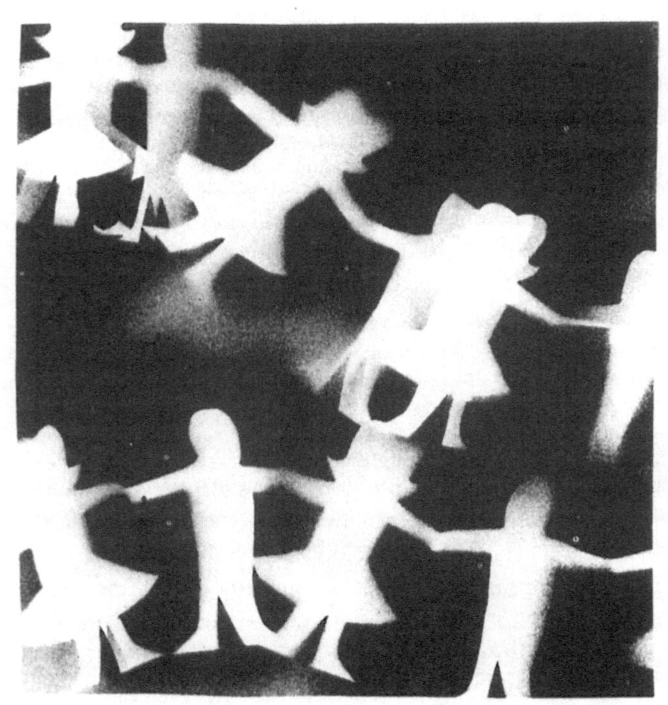

anima mostra qualidades afrodisíacas porque minhas atitudes egoicas (animus) são como Hefesto martelando no calor, ou Páris, o jovem escolhido, ou o velho Cronos, com sua sexualidade capada... Infinitos tandens.

O tandem principal diz respeito às próprias qualidades com as quais a psicologia analítica vem caracterizando anima e animus. Na medida em que anima refere-se à interioridade, à função reflexiva e de fantasia, às conexões e ao pessoal, animus deve aparecer na exterioridade, nas atividades, e de modo literal, impessoal e objetivo. Esse tipo de emparelhamento já pertence às próprias palavras latinas, onde *anima* era o substantivo "respiração" e *animus* a "ação de respirar". E, como animus é definido num *Dicionário Latino* (Lewis e Short) com a frase "a alma racional no homem", então, claro, sobra para a anima o irracional, o emocional e o fantástico. Ainda mais revelador é o fato de que as qualidades do *animus* em latim – ações e funções da consciência, atenção, intelecto, mente, vontade, miragem, arrogância e orgulho – são as mesmas que hoje em dia atribuímos ao ego, ainda que de um jeito um pouco diferente. Na verdade, parece que muito daquilo que a psicologia tem chamado de ego é a parte animus da sizígia.

Isso nos aponta um outro trabalho para um outro momento: um exame da noção de "ego" e uma comparação deste com "animus". Suspeito que o arquétipo que está por trás do ego da cultura ocidental, da forma como emerge da psicologia do ego, revelar-se-ia como o animus; que, de fato, o ego é uma ideia do animus. Um animus que perde sua conexão com a alma (anima), que se coloca como independente da sizígia, é ego. O "ego fraco" seria aquele afetado pela sizígia com a anima, e "fortalecer o ego" significaria fortalecer o animus. O ego pode ser heroico no conteúdo, mas como uma função psíquica origina-se no animus, desempenhando específicas projeções da anima. Como uma função da sizígia, o ego não pode ter uma identidade válida por si só. Se essa conjectura se confirmasse, então poderíamos rearrumar muito da nossa mobília psíquica. Poderíamos estruturar a psique sem ego, deixando esse conceito cair fora e experimentando em seu lugar as constelações imaginais brincando com os vários pares mitológicos.

Apresentando tudo isso de uma maneira mais sucinta: a *consciência da sizígia* é consciência de e de dentro de um tandem; é uma consciência

(a) ... falta-nos qualquer conhecimento da psique inconsciente e perseguimos o culto da consciência, excluindo tudo o mais. Nossa verdadeira religião é um monoteísmo da consciência, uma possessão, casada com uma recusa fanática da existência de sistemas fragmentários autônomos.

CW 13, §51

de estar num determinado par, cuja dinâmica é mais bem descrita pelos mitos. (A psicodinâmica é uma das coisas de que a mitologia fala.) A *consciência da anima* ou de *animus* implica o reconhecimento do tipo de inconsciência em qualquer constelação específica: seu outro lado arquetípico. A *consciência do ego* refere-se àquilo que Jung chama de "monoteísmo da consciência",[a] a perspectiva única do "Eu" individual, de onde se perde a visão do outro e que resulta em literalismo. Dessa forma, a consciência do ego é uma inconsciência da realidade psíquica.

A realidade psíquica é tal que "as duas figuras estão sempre seduzindo o ego a identificar-se com elas" (CW 16, §469). A identificação da personalidade egoica consciente com uma delas parece ser o papel arquetípico que o ego é obrigado a representar, já que "nem anima nem animus podem ser constelados sem a intervenção da personalidade consciente" (ibid.). Porque sempre aparecem juntos, é lógico que a "intervenção da personalidade consciente" é, na verdade, uma atuação de anima ou de animus, a outra metade.

Isso é a coisa mais difícil de se reconhecer, porque é na personalidade consciente do ego que Jung localiza o nosso ponto mais escuro. O Sol, a imagem alquímica de consciência egoica, é em si um "corpo escuro", "luz fora e escuridão dentro", uma "*personificação relativamente constante do próprio inconsciente*" em "cuja fonte de luz existe escuridão suficiente para qualquer número de projeções" (CW 14, §129).

Embora a personalidade consciente seja relativamente constante, está, contudo, sujeita a súbitas aparições de projeções intrapsíquicas. No entanto, devido à sua constância, essas projeções, que o ego chama de suas atitudes, decisões e posições, são extremamente duradouras, e é justamente essa constância que as torna tão compactas que fica difícil enxergar através. Mas é nesse ponto opaco que temos de procurar o inconsciente. A matéria-prima é o ego.

Outra consequência da sizígia refere-se à relação alma-espírito. Estar-na-alma (*esse in anima*) implica estar numa infusão com animus, seu pneuma, seu espírito. O aspecto aéreo da anima discutido acima também

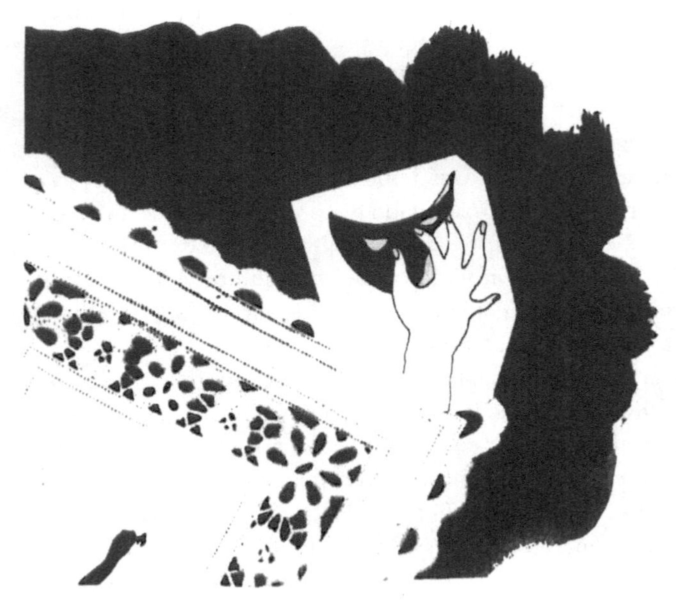

pode ser considerado anima na sizígia com animus. Estar-na-alma, ser psicológico, implica ser espiritual; o espírito será constelado sempre que tocarmos a alma.

Isso acontece frequentemente. No momento em que há um novo movimento psicológico, ouvimos as vozes do animus desviando-nos através da espiritualização da experiência, procurando extrair seu significado, transpondo-a em ações, dogmatizando-a em princípios gerais ou usando-a para provar algo. Onde a anima está vívida, penetra o animus. Da mesma maneira, quando num trabalho intelectual, ou numa meditação espiritual, ou quando a coragem está paralisada, a anima invade com imagens e medos, distraindo-nos com ligações e conexões, com telefonemas, impulsos naturais, desesperos suicidas, ou perturbando com as mais profundas questões e indecifráveis quebra-cabeças. Quando mobilizados por uma nova ideia ou por um ímpeto espiritual, a anima está logo ali, querendo personalizar, perguntando: "Qual a relação disto?" e "E eu?". Essas torturantes incursões da alma no espírito e do espírito na alma são a sizígia em ação. Isso é a *coniunctio*.

Por causa da sigízia anima-animus, a psicologia não pode omitir o espírito de sua alçada. A sizígia diz que onde for a alma vai também o espírito. Essa sizígia ilumina a imaginação com intelecto, e refresca o intelecto com fantasia. Ideias tornam-se experiências psicológicas, e experiências tornam-se ideias psicológicas. O trabalho é manter espírito e alma diferenciados (a demanda do espírito) e ligados (a demanda da alma).

NOTAS

ABREVIAÇÕES

CW C. G. Jung. *The Collected Works*, traduzido para o inglês por R. F. C. Hull, editado por H. Read, M. Fordham, G. Adler, W. M. McGuire, Bollingen Series XX, vols. 1-20 (Princeton: Princeton University Press e Londres: Routledge & Kegan Paul, 1953ss.), parágrafos numerados.

MA J. Hillman, *The Myth of Analysis* (Evanston: Northwestern University Press, 1972; Nova York: Harper & Row, 1978). [*O Mito da Análise*. São Paulo: Editora Paz e Terra, 1984.]

RP J. Hillman, *Re-Visioning Psychology* (Nova York: Harper & Row, 1975).

DU J. Hillman, *The Dream and the Underworld* (Nova York: Harper & Row, 1979).

1. *Uma Pequena Lista dos Principais Trabalhos sobre a Anima*

   A. Dos *Collectted Works* de Jung:

      1) Trabalhos com anima no título:

         [Psyche, personality, persona, anima]: CW 6, §§797-811; *Anima and Animus*: CW 7, §§296-340; *Concerning the Archetypes, with Special Reference to the Anima Concept*: CW 9, i, §§111-47; *The Syzygy: Anima and Animus*: CW 9, ii, §§20-42; *Animus and Anima*: CW 13, §§57-63.

      2) Trabalhos de Jung sobre anima com outros títulos:

         "The Psychological Aspects of the Kore", especialmente: CW 9, ii §§306-11, 355-58; *Myterium Coniunctionis*: CW 14, passim.

      3) Outras referências em Jung do General Index, CW 20. Trechos que se referem à Anima e os parágrafos frequentemente incluídos nos índices alfabéticos: CW 5, §§605-08, 678; CW 7, §§370, 374, 521; CW 9, i, §§53-66, 512-18; CW 9, ii, §§53-9, 422-25; CW 10, §§75-9, 713-15; CW 11, §§47-9, 71-3; CW 12, §§92-4, 112, 116, 192, 394-98; CW 13, §§216-18, 223, 261-63, 453-60; CW 15, §§210-13; CW 16, §§432-38, 454, 469, 504; CW 17, §§338-41.

   B. Anima por Autores Clássicos de Tradição Junguiana:

      H. G. Baynes, *The Mythology of the Soul* (Londres: Baillière, Tindall & Cox, 1940); E. Bertine, "The Story of Anima Projection" *in Human Relationships* (Nova York: Longmans, Green, 1958); C. Brunner, *Die Anima als Schicksalsproblem des Mannes* (Zurique: Rascher Verlag, 1963); I. Fierz-David, *The Dream of Poliphilo* (Nova York: Pantheon, 1950); E. Harding, *The Way of All Women* (Nova York: Longmans, Green, 1933), pp. 1-40; E. Jung, *Animus and Anima* [*Anima e Animus*. São Paulo: Cultrix, 1990], trad. C. F. Baynes e H. Nagel (Spring Publications, 1957); E. Jung e M.-L. von Franz, *The Graal Legend* (Nova York: Putnam's, 1971) [*A Lenda do Graal*. São Paulo: Cultrix, 1989]; J. Layard, "The Incest Taboo and the Virgin Archetype" *in Images of the Untouched* (Dallas: Spring Publications, Inc., 1982); J. Singer, *Boundaries of the Soul* (Nova York: Doubleday, 1972), cap. 9; M. Stein, org., *Jungian Analysis* (LaSalle, Il., 1982), pp. 74-84, 282-91; A. B. Ulanov, *The Feminine in Jungian Psychology and Christian Theology* (Evanston: Northwestern University Press, 1971); M.-L von Franz, *The Problem of the Feminine in Fairy Tales* (Spring Publications, 1972); M.-L. von Franz, "The Anima" *in Man and His Symbols* (Londres: Aldus, 1964); E. C. Whitmont, "The Anima" *in The Symbolic Quest* (Nova York: Putnam's, 1959) [*A Busca do Símbolo*. São Paulo: Cultrix, 1990]; F. G. Wickes, *The Inner World of Choice* (Nova York: Harper & Row, 1963), cap. 11, "The Woman in Man".

C. *Outros Escritos sobre a Fenomenologia da Anima por James Hillman*:

"Inner Femininity: Anima Reality and Religion" *in Insearch: Psychology and Religion* (Nova York: Charles Scribner's Sons, 1967; Dallas: Spring Publications, 1979); "Anima and Psyche" *in* MA; "Pan's Nymphs" *in Pan and the Nightmare* (com W. H. Roscher) (Spring Publications, 1972); "Betrayal" e "Schism" *in Loose Ends: Primary Papers in Archetypal Psychology* (Spring Publications, 1975); RP: q. v. index; J. Hillman, org., *Puer Papers* (Dallas: Spring Publications, 1979), pp. 38-42, 66-71, 119-21; "Silver and the White Earth", *Spring 1980* e *Spring 1981*; "Alchemical Blue and the *Unio Mentalis*", *Sulfur* 1 (1981); "Salt: A Chapter in Alchemical Psychology" *in Images of the Untouched*; "*Anima Mundi*: The Return of the Soul to the World", *Spring 1982*; *The Thought of the Heart* (Dallas: Spring Publications, 1984), pp. 33-50.

2. *C. G. Jung Letters*, traduzidas por R. F. C. Hull e editadas por G. Adler e A. Jaffé, Bollingen Series XCV (Princeton: Princeton University Press, 1973-75), Volume 1: Cartas 1906-50, Volume II: Cartas 1951-1961.
3. Para um estudo sucinto dos tipos de pares de opostos e sobre as confusões que surgem quando esses tipos não são mantidos distintos, ver C. K. Ogden, *Oposition* (1932) (Bloomington: Indiana University Press, 1967).
4. MA, "Toward an Imaginal Ego", pp. 183-90; DU, pp. 55-9.
5. Cf. R. B. Onians, *The Origins of the European Thought About the Body, the Mind, the World, Time and Fate*, segunda edição (Cambridge: Cambridge University Press, 1954), capítulos "*The Psyche*" e "*Anima and Animus*"; F. E. Peters, *Greek Philosophical Terms* (Nova York: New York University Press, 1967), a seção "*psyche*"; também minha discussão em DU, capítulo "Psyche", e no RP, seção "Anima" e nas pp. 44-51.
6. Par causa da mobilidade da alma – um traço importante que algumas vezes define até a alma –, algumas filosofias da Grécia associaram a psique ao fogo (os atomistas) e Aristóteles considerava *orexis* (o apetite, o desejo) a causa última do movimento da alma.
7. J. J. Bachofen, *Myth, Religion and Mother Right: Selected Writings*, Bollingen Series (Princeton: Princeton University Press, 1967), pp. 93ss. W. H. Roscher, *Lexikon d. Griech. u. Röm. Mythologie* (Hildesheim: Olms, 1965), vol. III, i: "Pan", pp. 1.392s., e "Nymphen", pp. 500ss. E. Jung, "The Anima as an Elemental Being", em seu *Animus and Anima*. Cf. a ampliação que faz Toni Wolff da *hetaera* em conexão com anima: "Strukturformen der weiblichen Psyche", em seus *Studien zu C. G. Jung's Psychologie* (Zurique: Daimon Verlag, 1981), pp. 175-76.

8. MA, pp. 61-79; "Peaks and Vales" *in Puer Papers*.
9. C. G. Jung, *Memories, Dreams and Reflections*, anotado a organizado por A. Jaffé, traduzido por R. e C. Winston (Nova York: Vintage, 1965), p. 286: a experiência e a formulação de Jung da anima histórica personificada no incidente de Galla Placidia em Ravena: "A anima de um homem tem um forte caráter histórico".
10. G. Bachelard, *The Poetics of Reverie* (Boston: Beacon Press, 1971), capítulo 2, "Animus and Anima".
11. Para um breve comentário de Corbin sobre alma e imaginação, veja H. Corbin, "*Mundus Imaginalis*", *Spring 1972*, pp. 6-7.
12. M. Ficino, *Theologia Platonica*, XII, em C. Trinkaus, *in Our Image and Likeness* (Chicago: The University of Chicago Press, 1970) 2:476-78 e notas.
13. Onians, *Origins*, pp. 168-73 com notas.
14. Porphyry, "Concerning the Cave of Mymphs", *in Thomas Taylor the Platonist: Selected Writings*, org. por G. H. Mills e K. Raine, Bollingen Series (Princeton: Princeton University Press, 1969), p. 304. O discurso, muito longo para esta citação, é sobre as ninfas e as naiads, e o significado neoplatônico do elemento úmido.
15. Para mais detalhes sobre a anima aérea, ver o meu "The Imagination of Air and the Collapse of Alchemy" *in Eranos Jahrbuch*, 50-1981 (Frankfurt a/M: Insel Verlag, 1982), pp. 273-333, e DU, pp. 185-88 sobre "Smell and Smoke".
16. Bachelard, *Poetics*, p. 66: "*anima* torna-se mais profunda e reina ao descer rumo à caverna do ser. Ao descer, sempre descendo, a ontologia das qualidades da anima é descoberta".
17. Onians, *Origins*, p. 170.

18. Para uma discussão mais completa, veja meu "The Feeling Function", Parte Dois das *Lectures on Jung's Typology* (em colaboração com M.-L. von Franz) (Spring Publications, 1971), especialmente "Feeling and the Anima", pp. 121-29.

19. H. F. Ellenberger, *The Discovery of the Unconscious* (Nova York: Basic Books, 1970), pp. 199-201.

20. Ibid., p. 233.

21. Ph. Wolf-Windegg, "C. G. Jung – Bachofen, Burckhardt and Basel", *Spring 1976*, pp. 137-47.

22. S. Freud, *New Introductory Lectures on Psycho-Analysis* (Londres: Hogarth, 1957), capítulo 33, p. 145.

23. R. Grinnell, "Reflections on the Archetype of Consciousness: Personality and Psychological Faith", *Spring 1970*, pp. 15-39.

24. E. Neumann, *The Origins and History of Consciousness*, Bollingen Series (Nova York: Pantheon, 1954), p. 42. [*História da Origem da Consciência.* São Paulo: Cultrix, 1990.]

25. W. F. Otto, *Die Musen* (Darmstadt, 1954), pp. 9-20.

26. MA, pp. 49-61; também meu *Insearch*, capítulo "Inner Femininity".

27. Duas cartas mostram a ambiguidade da configuração anima-mãe no próprio imaginário de Jung. Em uma carta a Victor White (30 de janeiro de 1948), Jung escreve que ele teve sua "primeira experiência de anima, a mulher que *não* era minha mãe", quando ele tinha 3 anos de idade. Noutra carta a Ignaz Tauber (13 de dezembro de 1960), Jung descreve seus antigos entalhes em pedra de uma mulher primitiva estendendo as mãos para o úbere de uma égua. "A mulher é obviamente minha anima disfarçada em uma ancestral milenar?" Como há necessidade de se diferenciar anima da mãe, também parece haver uma necessidade igual de não perder sua interpretação.

28. J. Hillman, "An Essay on Pan", em *Pan and the Nightmare*, pp. xliv-liv.

29. Discuti um pouco do *background* histórico da noção de ego e de sua retenção anacronística na psicologia analítica em MA, pp. 148-54, 183-90, 279, 290.

30. J. Layard, "On Psychic Consciousness" (*Eranos Jahrbuch*, 1959 [Zurique: Rhein]), reeditado em seu *The Virgin Archetype* (Spring Publications, 1972).

31. Aqui, todas as passagens de Onians são encontradas na página 169 de *Origins*.

32. Bachelard, *Poetics*, pp. 64, 67.

33. Confira D. Henderson e R. D. Gillespie, *A Text Book of Psychiatry* (Oxford: Cumberledge, 1950), p. 128.

34. J. Drever, *A Dictionary of Psychology* (Londres: Penguin, 1952), p. 78.

35. Confira Onians, *Origins*, pp. 168ss.; C. T. Lewis e C. Short, *A Latin Dictionary* (Oxford: Clarendon, 1894), *anima*, pp. 120-21.

36. J. Drever, *A Dictionary of Psychology* (Londres: Penguin, 1952), p. 62.

37. ibid., e também DU, pp. 24-6 *et passim*, onde discuti a noção de Heráclito da profundidade em relação à psicologia profunda.

38. RP, pp. 1-51.

39. H. Corbin, *Avicenna and the Visionary Recital* (Dallas: Spring Publications, 1980), p. 21.

40. Confira P. Berry, "On Reduction", em seu *Echo's Subtle Body: Contribuitions to an Archetypal Psychology* (Dallas: Spring Publications, 1982), pp. 163-85, para um exame do "literalista filistino" dentro de cada um de nós.

41. Sobre as desastrosas confusões de anima e sentimento nas noções e no comportamento, veja os capítulos 2 e 3 deste livro e meu "The Feeling Function", em *Lectures on Jung's Typology*, capítulo 6.

42. J. Burnet, *Early Greek Philosophy* (Londres: Black, 1948), p. 143; de acordo com M. Marcovich, *Heraclitus-Editio Maior* (Merida, Venezuela: Los Andes University Press), somente os fragmentos 45 e 47 (Bywater-Burnet) contêm a palavra *harmonia*.

43. H. Binswanger, "Positive Aspects of the Animus", *Spring 1963*, pp. 82-101.

44. O complicado desenvolvimento da ideia cristã de alma é brevemente traçado por H. Robinson em J. Hastings, *Encyclopedia of Religion and Ethics* (Edimburgo: Clark, 1920), 11:733a-737b. A. Hultekrantz, "Seele", *Die Religion in Geschichte und Gegenwart* (Tübingen: Mohr, 1961) 5:1634-636, vê um desenvolvimento ascendente da ideia de alma das almas pluralistas dos povos primitivos, passando por um dualismo de almas, para um "monismo de alma" nas "altas civilizações" (inclusive a cristã. Essa discussão ecoa aquela examinada e descartada por J. Hillman, "Psychology: Monotheistic or Polytheistic?", *Spring 1971*, pp. 193-208, reeditado com extensões em D. L. Miller, *The New Polytheism* (Dallas: Spring Publications, 1981), pp. 109-42.

45. Sobre o chisma e a heresia como inevitáveis consequências da unificação, veja meu "Schism as Differing Visions", *in Loose Ends*, pp. 82-97.

46. A curiosa mistura do *senex* monocular e anima aparece no *insight* de Jung sobre o imperativo categórico de Kant (a única e singular regra sobre a qual toda a moralidade deve estar baseada). Numa carta a Gustav Senn, de 13 de outubro de 1941, Jung escreve: "O imperativo categórico de Kant é, obviamente, um conceito filosófico que

toca um fato psíquico o qual, como você muito corretamente observou, é uma manifestação inquestionável da anima".

47. De uma conversa citada por Miguel Serrano, *C. G. Jung and Hermann Hesse: A Record of Two Friendships*, traduzido por F. MacShane (Nova York: Schocken, 1968), pp. 50, 56.

48. C. G. Jung, *The Integration of the Personality*, tradução de Stanley Dell (Londres: Kegan Paul, 1940), p. 91.

49. Para exemplos de tais sizígias na vida do dia a dia, veja meu *Insearch*, pp. 96-101.

GRUPO EDITORIAL PENSAMENTO

O Grupo Editorial Pensamento é formado por quatro selos:
Pensamento, Cultrix, Seoman e Jangada.

Para saber mais sobre os títulos e autores do Grupo
visite o site: www.grupopensamento.com.br

Acompanhe também nossas redes sociais e fique por dentro dos próximos lançamentos, conteúdos exclusivos, eventos, promoções e sorteios.

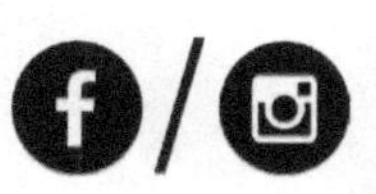

editoracultrix
editorajangada
editoraseoman
grupoeditorialpensamento

Em caso de dúvidas, estamos prontos para ajudar:
atendimento@grupopensamento.com.br

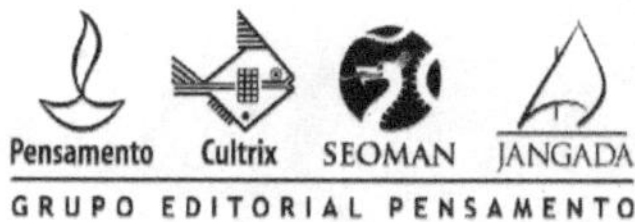

www.ingramcontent.com/pod-product-compliance
Lightning Source LLC
LaVergne TN
LVHW101940220826
846093LV00006B/69

* 9 7 8 6 5 5 7 3 6 0 1 8 7 *